秦汉史

李源澄 著

巴蜀书社

图书在版编目（CIP）数据

秦汉史 / 李源澄著. -- 成都 : 巴蜀书社, 2019.7
（巴蜀百年学术名家丛书）
ISBN 978-7-5531-1119-3

Ⅰ. ①秦… Ⅱ. ①李… Ⅲ. ①中国历史—秦汉时代
Ⅳ. ① K232

中国版本图书馆 CIP 数据核字（2019）第 035899 号

QINHANSHI
秦 汉 史 李源澄 著

责任编辑	王承军
出　　版	巴蜀书社
	成都市槐树街 2 号　邮编 610031
	总编室电话：（028）86259397
网　　址	www.bsbook.com
发　　行	巴蜀书社
	发行科电话：（028）86259422　86259423
经　　销	新华书店
内文排版	四川最近文化传播有限公司
印　　刷	成都东江印务有限公司
版　　次	2019 年 7 月第 1 版
印　　次	2019 年 7 月第 1 次印刷
成品尺寸	130mm × 210mm
印　　张	9
字　　数	175 千
书　　号	ISBN 978-7-5531-1119-3
定　　价	54.00 元

出版说明

本书为李源澄先生代表作，1947年4月由商务印书馆出版发行。2008年11月，经黄智明、袁明嵘编辑，收入林庆彰、蒋秋华主编的《李源澄著作集》第一册。2017年12月，经林庆彰、蒋秋华同意和授权，复经李冬梅补编，收入《李源澄集新编》第一册。有鉴于此，我们在编辑本书的过程中，以商务印书馆本为底本，酌情参考《著作集》和《新编》的校正成果，凡能查到引文原始出处的，皆以通行本校核。同时，为了避免不必要的繁琐注释，在编辑本书的过程中，我们在不影响李源澄先生原意的前提下，采取径改的方式，尽最大的努力，解决原书中存在的各种问题，以期本书能够成为目前较为精确的李源澄先生《秦汉史》校正本。虽经努力，但疏漏、错讹之处在所难免，尚希读者批评指正。

目　录

序

钱　穆

昔章实斋《文史通义》论史法，有记注、撰述之分，谓："撰述欲其圆而神，记注欲其方以智，智以藏往，神以知来。记注欲往事之不忘，撰述欲来者之兴起。故记注似智，撰述似神也。藏往欲其赅备无遗，故体有一定而其德为方。知来欲其抉择去取，故例不拘常而其德为圆。"斯言也，可谓已尽史学之功能矣。今代西方史家有现实史观（Present Mindedness）与历史史观（Historical Mindedness）之争。主现实观者，谓历史贵能为吾人了解现实之助；此所谓新史学家者率主之。其较笃旧者，则谓历史记载应重当时，不为后代；此即所谓历史观也。窃谓此二者，在中国殆已不成争点。历史观即略当于章氏之所谓记注，藏往似智。现实观即略当于章氏之所谓撰述，知来似神。《记》有之曰："疏通知远，《书》教也。"夫使徒知有古而不能通于今，此王仲任之所谓陆沉。彼人与事，皆已往矣，徒事记诵，又何贵乎有此史学乎！然使记载既不足以藏往，复何资以知来？苟使今之撰史者，其意徒为供今日一时之用，则年驰月骋，事运而迁，今日之记载，转瞬将成他日之废纸，史态已失，渺不再得，后之人将何从而复借以为了解其现实之助？故知无藏往之智，斯不能有知来之神。而苟非能有知来之神，亦不贵有此藏往之智。二义互成，固无烦乎分派而争也。

论国史体裁者，率分编年、纪传、纪事本末三类。纪事本末原本《尚书》，编年远祖《春秋》，纪传则自《史记》《汉书》以下，所谓历代正史是也。本章氏之意，则编年、纪传二体，皆有例可循，近于记注之方以智。而《书》体因事命篇，初无定法，近于撰注之圆而神。故自《尚书》之变而为《春秋》，《春秋》之再变而为《史》《汉》，正史学之逐步谨严，亦史法之逐步完成也。何以言之？夫史以记事，则《书》体自其太璞。然事变错综，不可方物，使一事而十人记载之，可以十异其面目矣。惟加之以年经月纬，斯其事之始末演变，差易客观。故编年者实纪事本末之记注化，亦即纪事本末之方形化也。若更进而求之，则事由人造，一事之兴，参预其曲折者，常十百其人焉，仅就年月先后为之排比，犹恐不足以尽其事变之真态，故进而就其事变中之人物而逐一记述之，夫而后一事之首尾表里正反纵横，乃始更臻于客观。故纪传者，又编年与纪事本末之记注化，亦即编年与纪事本末之方形化也。凡所以不惮烦劳，必人人而传之，亦惟以期其更能善述乎事变之真态，与夫善尽乎藏往之职能而已。藏往之职能既尽，斯史家之功效已毕，而后之人亦可凭借以得其知来之用，此中国史学方圆兼尽之极深妙意之所在也。故尼山《春秋》，龙门《史记》，若绳之以章氏之论，皆撰述之至圆而神者也；而其用心之所重，则转不在圆而在方，亦惟曰我仅求其更能尽夫记注藏往之职能而已矣。斯固史学家所不可或背之宗旨也。

夫史家间世而一出，而记载则不可一日缺。故惟例愈严，体愈方，凡其愈足以资中人之取法，而可为藏往之具者，而后其书乃愈足以行远，而为后世之所师效。故自《史》《汉》以还，纪传一体，独为中国历代之正史，后人踵而勿易者，良有以也。今若以西国史书较之，则彼所盛行者，厥惟纪事本末一体，若编年、纪传，则殊未足与中土相拟，彼亦未尝无编年、纪传也。然要以纪事本末为之主，而特融二体以副之。反之中国，则融纪事本末于编年与纪传之二体中。一尚圆神，一尊方智，其演进之异轨，有确然不可混者。故西方虽亦有编年史书，然以较中国自《春秋》以来历二千载，年分月系，勿缺勿乱，则彼固瞠乎其后矣。又况中国史官，有日录、起居注之类，方事变之未兆，彼固已按日而笔之矣。其为藏往之密，凡以求其近客观而为方以智者有如此。以言传记，西方颇有长篇巨制，又率以一人而包综一时，此亦变相之纪事本末也。若欲为客观藏往，则以一人传一时，固不如分以众人传一时之为胜。今人喜追步西方，乃亦效为秦皇、汉武作长传。然秦皇、汉武之事迹，其功罪是非得失之所在，《史》《汉》成书，固已罗著靡遗矣。惟不专系之于秦皇、汉武之身，乃分而见之于秦皇、汉武并世之诸人。群山万壑，旁见侧出，骤视若博望侯之初入西域，不易得其要领，然此正史家谨严，力求客观之深意所寄也。故自东汉以下，虽私家碑传盛行，及于唐代如李邺侯，宋世如韩魏公，皆为一人作长传，积书数卷，积字数万，用力至勤矣，顾后之史家，卒不循以为准则。宋后代家传而起者，乃有年谱一体。此反以传记寓诸编年，仍是侧重藏往方智之意也。苟不明此，将何以衡量我先民历古相传之史业哉！

然事有不可以一端尽者。抑尝论之，中国之最可夸耀于并世者，固莫史学若矣。然而积至于今，藏往愈富，知来愈惑，物极必反，道穷则变。章氏先瞩，彼已教人曰："盍不求《尚书》未入《春秋》之初意？"自西学东渐，世变日亟，人事日繁，编年、纪传浩瀚不可猝究，于是人自负以撰述，家相鄙为记注，治史者竞趋新轨，皆务望为疏通而知远，惟求其圆而神，而不悟知来之必基于藏往，圆神之必本于方智。若由今之道，无变今之俗，窃恐他日史学将绝，而往古史迹，亦且日废。矫枉而过其正，轻侮前人而不深究其底里，其势则未有不至于是者。

今试变通章氏之意而说之。夫撰述之圆而神，固非尽人所冀，抑欲为鉴古知今，则亦诚读史者之所有事也。夫史之藏往，历千古而不变，而读史者则与时而俱新。故宋明人读汉史，其所见已异于唐人，清人读之，又异于宋明，今之人复将异于清人。抑且同时之人，亦不妨其互异。斯其所以为圆而神也。昔苏东坡教人读《汉书》，分数番读之。先读其典章制度，次读其文章风采，读之久且熟，必恍然有所见矣。今若以一代之人，分工合作，以效苏氏之所为，则圆神知来，读史者固撰史者之先驱也。使今之人肯稍谦以自处，自居为读史者，曰："我以为撰史者之先驱焉。"则于昔人藏往之史，必不汗漫忽视若不屑，则庶乎有深知其意者出乎其间，而后乃有当于撰述之圆而神者也。

余学无途辙，中岁以往，始稍稍知治史，于迁、固之书，幸而薄有所窥见。往者谬膺北京、清华诸校讲席，授秦汉史，草为讲义，及新莽而止，其下未遑续稿。闷之箧衍，逾十余岁矣。今年春，李君浚清自灌县山中来，出示其新著《秦汉史》一编。读之，有幸与鄙见相合者，有鄙见所未及者。私自忖之，浚清其殆今之所谓善读史者耶！其书则亦章氏之所谓圆而神之类也。浚清将以行世，而索余为之序。余谓读浚清书者，姑亦如苏东坡之所谓，聊当又是一番读迁、固书可也。若汗漫忽视迁、固书若不屑，则亦不足以读浚清之书。因拈章氏论史之意而序以归之。

民国三十五年二月，钱穆序于成都之华西大学

自　序

六年前在浙江大学授课，有《秦汉史》及《魏晋南北朝史》之纂录，《魏晋南北朝史》多已单篇发表。后在四川大学又讲授“秦汉史”一次，其时为学兴趣不在此，未有所增损。近年深感秦汉一段在国史上之重要，昔所纂录犹有助于初学读秦汉历史，因缮理旧稿以成此编，较之初稿文字为简约矣。

初撰此书，原在便利学生，使之明了秦汉大事，再进而求之秦汉历史。故人人所知者则不复言，即其关系甚大不能不言者，言之亦从简略。若所关甚大而为人所忽者，则言之从详。其中引用原书处，多是人所忽略处，乃以为征信也。若人无异义，则直言之，不多费辞。是以吾书各篇虽颇具经纬，属辞则有愧撰著体裁。

吾书所措意者，封建、郡县、儒术三事。秦汉为封建变为郡县之历史，封建制度消灭，郡县制度完成，儒术与君主结合，三者实秦汉历史之中心。秦汉以后之历史，则君主与儒生互让之历史，其利弊得失皆可于此中见之，窃愿读者勿忘斯意。

又念吾纂辑此书之时，平心读书而已，未敢有他志，殊不料所得与常论不同如此。吾于马、班、范书犹病未能精熟，足见古人之蕴未经人道者甚多，帝王家谱之说殆不其然，学者亦当知所先务也。

民国三十五年三月，李源澄自序于灌县灵岩书院

一　始皇二世

废封建为郡县有二利：一曰天下为一统，二曰无贵族阶级，此秦汉以来大异于古者，秦开其基，而汉成之。以天下为当定于一，天下观念代国家观念，此晚周之思想。（故战国游士无国家观念，朝秦暮楚视为当然。）尚贤贵功而非世卿世禄，虽言之有早晚，施行有缓急，要亦为晚周诸子之所同。顾主张废封建行郡县者，唯有法家。《王制》《周官》皆儒家之理想政治，其不废封建明矣。不特晚周如此，汉初亦封建、郡县并行，患诸侯之强大，则曰“众建诸侯而小其力”，固无人主张废封建者。不废封建，则所谓“大一统”，所谓非世卿，不邻于空论耶？盖古人以封建为崇德报功之事，所以与亲贤共其利，存亡国，继绝世，使先圣不绝祀典，在贵政治，固以为当然也。而郡县则起于受周文化日浅之国，若秦、若楚、若晋，郡为边镇。《史记·春申君传》云：“淮北地边齐，其事急，请以为郡便。”《匈奴传》言：“赵武灵王置云中、雁门、代郡。燕置上谷、渔阳、右北平、辽东、辽西郡以备胡。”而县为地方行政治区域以代封建。《史记·秦本纪》：“武公十年，伐邽、冀戎，初县之。十一年，初县杜、郑。”《左传》僖三十三年，襄公以先茅之县赏胥臣。宣十一年，楚县陈。十二年，郑伯曰：“使改事君，夷于九县。”是以县代封建，实始于秦、楚、晋三国。在春秋之末，县大于郡，战国则郡大于县。是县之起早于郡，郡为边镇，县大而郡小，其后郡以边镇重，因而统县，又变而为地方行政区域。秦之废封建行郡县，实承战国之制而使之普遍。郡县者，君主集权之制，战国以来君主皆欲集权于一身，故行郡县。秦卒废封建而为郡县，亦集君主集权之大成。法家主张君主集权，吴起、商鞅于秦楚已抑封君，李斯遂赞成秦始皇之尽废封建。故大一统非世卿为各家之所同，废封建为郡县，集大权于一身，则法家之志也。法之敝必转而用道，盖唯不扰民而后可以安君位。君之所制者，臣也，非治民也。五方风俗异齐，一种制度，难以施诸天下而皆准，郡县之吏，转徙如弈棋，亦不能周知地方之利弊，马端临谓《周官》之制不可施于后世者，独与民交涉之事；政治而不与民生交涉，能谓之善治乎？此君主集权之弊也。汉以来儒者在君主集权之下，不能申其宏议，惟因势利导，补偏救弊，遂近道家。汉初儒者虽力诋秦政，攻击法家，卒其大变于秦者，惟是风俗教化。其后教权在于儒者之手，而社会伦理不乱，造成政教分离之局。其施之政治者，实汉高祖所谓度吾所能为之，非尽符儒者理想也。

秦为戎族，逮于战国，夷风犹存。《魏策》：“朱己谓魏王曰：‘秦与戎翟同俗。’”《史记·商君传》云：“始秦为戎翟之教，父子无别，同室而居。”《秦本纪》言文公十三年初有史以纪事，是其前事皆出追记。《秦本纪》言：

> 周避犬戎难，东徙洛邑，襄公以兵送周平王，平王封襄公为诸侯，赐之岐以西之地。……文公以兵伐戎，戎败走，于是文公遂收周余民有之，地至岐，岐以东献之周。

是襄公始得周朝封爵，名列诸侯，至文公始有周之故地。以一新造之邦，于春秋遂为大国者，则形便势利使然。春秋诸侯所处之地便于开拓者，齐、晋、秦、楚为最，故皆为强大之国，齐之东，秦之西，楚之南，晋之北，皆蛮夷，为四国所剪除，秦于是霸西戎，此秦穆公之业也。献公以上数易君，君臣乖乱，晋复强，夺秦河西地。献公二年，城栎阳，以为东方军镇，图收复失地。孝公用商鞅变法，国以富强，后遂常雄诸侯，秦灭六国之基，当自孝公始。贾谊《过秦》曰：

> 秦孝公据殽函之固，拥雍州之地，君臣固守而窥周室，有席卷天下，包举宇内，囊括四海之志，并吞八荒之心。当是时，商君佐之，内立法度，务耕织，修守战之备，外连衡而斗诸侯，于是秦人拱手而取西河之外。孝公既殁，惠王、武王蒙故业，因遗策，南兼汉中，西取巴蜀，东割膏腴之地，收要害之郡，诸侯恐惧，会盟而谋弱秦。……常以十倍之地，百万之众，叩关而攻秦。秦人开关延敌，九国之师，逡巡遁逃而不敢进，秦无亡矢遗镞之费，而天下诸侯已困矣。于是从散约解，争割地而奉秦。秦有余力而制其敝，追亡逐北，伏尸百万，流血漂橹，因利乘便，宰割天下，分裂河山，强国请服，弱国入朝。延及孝文王、庄襄王，享国日浅，国家无事。及至秦王，续六世之余烈，振长策而御宇内，吞二周而亡诸侯，履至尊而制六合。

盖秦以法家之农战政策、军国主义蚕食六国，作成大一统之局，孝公以来之形势，诚如贾谊所述。然秦之所以能灭六国，汉人因恶秦之故，每多忽之，太史公《六国表序》且以为天所助焉。秦为新兴民族，地形势便，代有英主，诚得之于天，然秦之重法治，务耕战，合人民之力以趋国家之急，实为一新文化系统。若六国则封君贵族，游侠私剑，擅权乱法，安能敌之。《荀子·强国篇》言：

> 应侯问孙卿子曰："入秦所见？"孙卿子曰："入境，

观其风俗，其百姓朴，其声乐不流污，其服不佻，甚畏有司而顺，古之民也。及都邑官府，百吏肃然，莫不恭俭敦敬忠信而不楛，古之吏也。入其国，观其士大夫，出于其门，入于公门；出于公门，归于其家；无有私事也，不比周，不朋党，倜然莫不明通而公也，古之士大夫也。观其朝庭，其间听决，百事不留，恬然若无治者，古之朝也。”

此非法治之政治社会乎？荀卿反对法家政治者，其言如此，足征《商君传》所谓勇于公战，怯于私斗，道不拾遗，山无盗贼，非虚美也。此为法家在政治上之成功，中国言法治，于斯为盛。乃秦一天下之后，国家主义不足以施于天下，君主集权之弊又大，儒者于政则欲矫君主集权之弊，于教则欲救功利主义之失，而法家政治所以卫护君权、阻碍教化者，（法家于君主无所限制，儒家之教统传自孔子，而非来自君主，且欲君主受其教化，在法家看来真是以古非今。）乃力反之，故日入于放任无为，法治精神微矣。是以秦之垂留于后世者，废封建行郡县，使国家一统而无贵族，斯上耳。

《史记·秦始皇本纪》二十六年：

秦初并天下，令丞相、御史曰：“异日韩王纳地效玺，请为藩臣，已而倍约，与赵魏合从畔秦，故兴兵诛之，虏其王，寡人以为善，庶几息兵革。赵王使其相李牧来约盟，故归其质子，已而倍盟，反我太原，故兴兵诛之，得其王。赵公子嘉乃自立为代王，故举兵击灭之。魏王始约服入秦，已而与韩赵谋袭秦，秦兵吏诛，遂破之。荆王献青阳以西，已而叛约，击我南郡，故发兵诛，得其王，遂定荆地。燕王昏乱，其太子丹乃阴令荆轲为贼，兵吏诛，灭其国。齐王用后胜计，绝秦使，欲为乱，兵吏诛，虏其王，平齐地。寡人以眇眇之身，兴兵诛暴乱，赖宗庙之灵，六王咸服其辜，天下大定，今名号不更，无以称成功，传后世，其议帝号。”

始皇统一天下，不图安集之术，首议帝号，自称始皇帝，欲传之子孙，传至于无穷。于是销天下之兵，聚之咸阳，以为金人，燔《诗》《书》，坑儒士，欲学法令，以吏为师，极防制之能事，皆所以表著其自尊自私而已。秦之所以亡者，废封建太骤，而所以统一天下之制未具也。汉人以秦为不行仁义，非实事也。《秦始皇本纪》二十六年：

丞相绾等言：“诸侯初破，燕、齐、荆地远，不为置主，毋以镇之，请立诸子为王，唯上幸许。”始皇下其议于群臣，群臣皆以为便。廷尉李斯议曰：“周文武封子弟同姓甚众，然后属疏远，相攻击为仇雠，诸侯更相诛伐，周天子弗能禁止。今海内赖陛下神灵一统，皆为郡县，诸子功臣以公赋税重赏赐之，甚足易制，天下无异意，则安宁之术也。置诸侯不便。”始皇曰：“天下共苦战斗不休，以有侯王。赖宗庙，天下初定，又复立国，是树兵也，而求宁息，岂不难哉？廷尉议是。”分天下以为三十六郡，郡置守、尉、监。

军民分治，御史监临，诚天子集权之善制，而丞相绾等所谓燕、齐、荆地远，不为置主，无以镇之者，亦当时之实情，始皇虽徙豪富于咸阳，安能尽之。始皇在犹可镇压，二世嗣位，则诸侯豪强共起，非其大验欤？贾谊上疏曰：

> 古者天子之地方千里，中之而为都，输将徭使，其远者不在五百里而至。公侯地百里，中之而为都，输将徭使，远者不在五十里而至。输者不苦其徭，徭者不伤其费，故远方人安。及秦，不能分人寸地，欲自有之，输将起海上而来，一钱之赋，数十钱之费不轻而致也。上之所得甚少，而人之所苦甚多也。

故吾以为秦之亡由废封建之太骤，而统一天下之制未具也。

秦统一天下后，亦未尝无所制作，经时不久，于长治久安之道，固有未尽。辅相始皇者为李斯，李斯从荀卿学帝王之术，为始皇时之大政治家，至二世时，始见其政治道德薄弱耳。其狱中上疏所言七罪，即自表其功，亦即秦之制作。其大者，一曰更克画平斗斛度量文章。（《始皇本纪》二十六年谓：“一法度衡石丈尺，车同轨，书同文字。”二十八年刻石辞谓：“器械一量，同书文字。”）《说文·序》谓：

> 七国田畴异亩，车途异轨，律令异法，衣冠异制，言语异声，文字异形。

此由封建之世，天子于诸侯不纯臣，而诸侯自为政之现象。秦统一六国，非整齐划一，则号令不通，法制难行也。二曰治驰道。（《始皇本纪》二十七年谓：“治驰道。”《蒙恬传》所谓：“始皇欲游天下，道九原，直抵甘泉，乃使蒙恬通道，自九原抵甘泉，堑山湮谷，一千八百里。”《汉书·贾山传》谓：“秦为驰道于天下，东穷燕、齐，南极吴、楚，江湖之上，滨海之观毕至。道广五十步，三丈而树，厚筑其外，隐以金椎，树以青松。”是也。）盖秦一天下为空前之大国，交通不便，则政令不通，故因六国之道路而作驰道焉。此二者皆大有造于汉，其余若官制、刑法、礼仪、赋役，大抵皆为汉所因袭。若其北逐胡貉，南定百越，则又自罹其祸，而汉得其利焉。（严安言：“秦皇北构于胡，南挂于越，丁男被甲，丁女转输，苦不聊生，自经于道路，死者相望。”主父偃言：“秦攻匈奴，运粮，使天下飞刍挽粟，起于黄、腄、琅玡负海之郡，转输河北，率三十钟而至一石。”）

吾谓秦于统一天下之制未尽者，尚有数事。一曰登进人才之道未立。春秋以前，贵族执政。（战国则贵族势力日衰，《赵策》：“左师公曰：‘今三世以前，至于赵之为赵，赵主之子孙侯者，其继有在者乎？’曰：‘无有。’曰：‘微独赵，诸侯之子孙有在者乎？’曰：‘老妇不闻也。’”此战国贵族衰微之证。）战国以降，或出于游说，或出于战功，养士之风大盛，赖以衣食者甚众。秦对此未有适当之法制也。二曰无大一统之政治思想。思想纷歧诚足以乱政，而法家之国家主义，实不足以用于天下。法家学术原无宽容精神，李斯相秦，不能使庞杂之思想纳于正流，乃焚书禁学，非秦记杂烧之，以绝人故国之思，敢有藏《诗》《书》百家语者弃市，以束缚思想，岂非至拙。三曰不能安定人民生计。秦时人民之不得安业，一出于兼并，一出于政治。秦时民生之情状，董仲舒曾言之，曰：

> 至秦则不然，用商鞅之法，改帝王之制，除井田，民得买卖，富者田连阡陌，贫者无立锥之地。又专川泽之利，管山林之饶，荒淫越制，逾侈以相高，邑有人君之尊，里有公侯之富，小民安得不困？又加月为更卒，已复为正，一岁屯戍，一岁力役，三十倍于古，田租口赋，盐铁之利，二十倍于古，或耕豪民之田，见税什五。故贫民常衣牛马之衣，而食犬彘之食，重以贪暴之吏，刑戮妄加，民愁亡聊，亡逃山林，转为盗贼，赭衣半道，断狱岁以千万数。

《汉书·食货志》言：

> 至于始皇，遂有天下，内兴功作，外攘夷狄，收大半之赋。

秦虽贵农贱商，其奖励战士，五甲首而隶五家，造成战士阶级，故有贫富不均之现象。今民田得以买卖，致“富者田连阡陌，贫者无立锥之地”。又秦北筑长城四十余万，南戍五岭五十余万，骊山、阿房之役各七十余万，人民多来自远方，其苦况诚有如贾谊、严安、主父偃之所言者。（李斯狱中上疏自谓缓刑罚、薄赋敛，与汉人所言秦之苛暴正相反。始皇三十四年，适治狱不直者筑长城及南越地，谓其缓刑罚犹可言也，而谓薄赋敛何哉？盖较之于战国为薄耳。苏秦谓齐王，谓：“临淄之中七万户，户三男子，三七二十一万，不待发于远县而兵已足。”是战国之用民力多于秦也。然封建时代能镇压之，秦都关中，则不能镇压山东之戍卒。而秦时转徙之劳，则又多于战国，以其幅员宽于战国也。豪民之田税什伍，而公田则收大半之赋，谅不加于昔时封君之于农民，而后李斯有是言也。然人民转徙劳苦，则轻者反重，逃亡者多，而刑罚亦不得省，此所以有赭衣半道之结果。）秦既内兴功作，外攘夷狄，使民不得安居，豪民又兼并贫民，以夺其生业，秦不为之制，人民亡聊，安能不铤而走险？发难者虽六国之豪杰，从乱者则不得安业之贫民。故吾以为秦亡于废封建太骤，而统一天下之制未具，而汉之兴起则多因于秦。秦与汉初之历史，虽一嬴一刘，而事实则一贯也。

二　秦楚之际

汉末丧乱，酿成分裂之局，自魏文受禅至晋武平吴，其间才六十年，吴、蜀之士与中朝之人，即不相融洽。原为一国，一经分裂，而犹若是，况六国与秦世为仇敌，风俗政教，各不相同，一旦以武力吞并，又不能拔其贤豪而官使之，怀旧思故之士，失职怨望之民，靡日不思发愤快志以报秦也。始皇二十六年平定天下，三十七年而崩，统制天下既未久，法制未尽善。始皇既没，赵高弄权，李斯阿谀而不得容，秦廷已无人矣，又处置乖方，焉得不亡。《秦始皇本纪》二世元年云：

> 二世还至咸阳，曰："先帝为咸阳朝廷小，故营阿房宫。为室堂未就，会上崩，罢其作者，复土郦山。郦山事大毕，今释阿房宫弗就，则是章先帝举事过也。"复作阿房宫。外抚四夷，如始皇计。尽征其材士五万人为屯卫咸阳，令教射狗马禽兽。当食者多，度不足，下调郡县转输菽粟刍

藁，皆令自赍粮食，咸阳三百里不得食其谷。用法益刻深。七月，戍卒陈胜等反故荆地，为“张楚”。胜自立为楚王，居陈，遣诸将徇地。山东郡县少年苦秦吏，皆杀其守尉令丞反，以应陈涉，相立为侯王，合从西向，名为伐秦，不可胜数也。谒者使东方来，以反者闻二世。二世怒，下吏。后使者至，上问，对曰：“群盗，郡守尉方逐捕，今尽得，不足忧。”上悦。武臣自立为赵王，魏咎为魏王，田儋为齐王。沛公起沛。项梁起兵会稽郡。

贾谊论之曰：

自君卿以下，至于众庶，人怀自危之心，亲处穷困之实，咸不安其位，故易动也，是以陈涉不用汤武之贤，不借公侯之尊，奋臂于大泽，而天下响应者，其民危也。

诚笃论哉！于此有两事须言者，一为叛秦者之所以号召天下，一为郡县吏之态度。陈胜虽以戍卒发难，继起者皆以六国后相号召，即复国与复仇运动也。当时人心如此，故贤者资之以就功。《史记·项羽本纪》：

项王欲自王，先王诸将相。谓曰：“天下初发难时，假立诸侯后以伐秦。”

《陈涉世家》云：

三老、豪杰皆曰：“将军身被坚执锐，伐无道，诛暴秦，复立楚国之社稷。”

《张耳陈余传》云：

二人说陈涉曰：“愿将军毋王，急引兵而西，遣人立六国后，自为树党，为秦益敌也。”

《项羽本纪》：

范增说项梁曰：“陈胜败固当。夫秦灭六国，楚最无罪。自怀王入秦不反，楚人怜之至今，故楚南公曰：‘楚虽三户，亡秦必楚。’今陈胜首事，不立楚后而自立，其势不长。今君起江东，楚蜂午之将皆争附君者，以君世世楚将，为能复立楚之后也。”于是项梁然其言，乃求楚怀王孙心民间，为人牧羊，立以为楚怀王，从民所望也。

豪杰初起，必假立六国后者，以其去封建未久，人心崇拜贵族故也。《项羽本纪》：

陈婴母谓婴曰：“自我为汝家妇，未尝闻汝先古之有贵者。今暴得大名，不祥。不如有所属，事成犹得封侯，事败易以亡，非世所指名也。”婴乃不敢为王。谓其军吏曰：“项氏世世将家，有名于楚。今欲举大事，将非其人，不可。我倚名族，亡秦必矣。”

豪杰初起以复国相号召，而人心所向则在诸侯之子孙与诸侯大臣之子孙，故虽新起，而其势坚固。郦食其请立六国后以分楚势，于亡楚亦一时之权，而张良以为不可者，以六国后立，根深蒂固，于将来之统一不易耳。豪杰之假立六国后以亡秦，顺于人心，宜其成功也。秦以法术遇其臣下，恩泽不加，故陈涉发难，郡守县令皆应涉以自保。《项羽本纪》云：

> 会稽守通谓梁曰："江西皆反，此亦天亡秦之时也。先即制人，后则为人所制。吾欲发兵，使公及桓楚将。"

《高祖本纪》云：

> 陈胜等起蕲，至陈而王，号"张楚"。诸郡县皆多杀其长吏以应陈涉，沛令恐，欲以沛应涉。

此刘、项之起，皆因于郡县吏之欲叛秦也。立六国后以收民心，则根本固，郡县守令无为之守，则孤立易摧，能有不亡者乎？

六国既反，秦所恃者独中央兵。章邯将而东，为项羽所败，降羽，故巨鹿之战，为诸侯兵与秦兵盛衰所系。《项羽本纪》云：

> 项羽已杀卿子冠军，威震楚国，名闻诸侯。乃遣当阳君、蒲将军将卒二万渡河，救巨鹿。战少利，陈余复请兵。项羽乃悉引兵渡河，皆沉船，破釜甑，烧庐舍，持三日粮，

以示士卒必死，无一还心。于是至则围王离，与秦军遇，九战，绝其甬道，大破之，杀苏角，虏王离。涉间不降楚，自烧杀。当是时，楚兵冠诸侯。诸侯军救巨鹿下者十余壁，莫敢纵兵。及楚击秦，诸侯皆从壁上观。楚战士无不一以当十，楚兵呼声动天，诸侯军无不人人惴恐。于是已破秦军，项羽召见诸侯将，入辕门，无不膝行而前，莫敢仰视。

巨鹿一战，秦军遂不振，诸侯皆夺气，天下形势系于项羽。《史记·秦楚之际月表》云：

西楚主伯，项藉始，为天下主命，立十八王，分楚为四。项藉自立为西楚霸王，不在十八王中，余分为衡山、临江、九江。分赵为代赵，更名常山。分齐为三，临淄、济北、胶东。分关中为四，汉、雍、塞、翟。分燕为二，燕、辽东。分魏为殷国，更为西魏。分韩为河南国。此所谓十八王也。

太史公论之曰：

夫秦失其政，陈涉首难，豪杰蜂起，相与并争，不可胜数。然羽非有尺寸，乘势起陇亩之中，三年，遂将五诸侯灭秦，分裂天下而封王侯，政由羽出，号为“霸王”，位虽不终，近古以来，未尝有也。（史公于秦之统一，汉祖之布衣为天子，项羽之分封诸侯，皆视为未有之先例。此乃对新时代之惊奇，不能以后人之心理解释之也。）

然自项羽破秦军之后，赵高恐二世怒诛及其身，乃弑二世于望夷宫，立二世兄子公子婴为秦王。（此为保有秦国之表示。）子婴立，族诛赵高。子婴为秦王四十六日，汉高祖已用陈恢谋，畅行而西，破秦军于武关，遂至霸上。秦王子婴素车白马，系颈以组，封皇帝玺符节，降轵道旁。诸侯或言诛秦王，沛公曰："始怀王遣我，固以能宽容，且人已服降，又杀之，不祥。"乃以秦王属吏，遂西入咸阳。欲止宫休舍，樊哙、张良谏，乃封秦重宝财物府库，还军霸上，召诸县父老豪杰曰：

> 父老苦秦苛法久矣，诽谤者族，偶语者弃市。吾与诸侯约，先入关者王之，吾当王关中。与父老约法三章耳：杀人者死，伤人及盗抵罪。余悉除去秦法。诸吏人皆案堵如故。凡吾所以来，为父老除害，非有所侵暴，无恐！且吾所以还军霸上，待诸侯至而定约束耳。

乃使人与秦吏行县乡邑，告谕之。秦人大喜，争持牛羊酒肉献飨军士。沛公又让不受曰："食粟多，非乏，不欲费人。"人又益喜，唯恐沛公不为秦王。或说沛公曰：

> 秦富十倍天下，地形强。今闻章邯降项羽，项羽乃号为雍王，王关中。今则来，沛公恐不得有此。可急使兵守函谷关，无内诸侯军，稍征关中兵以自益，距之。

沛公然其计，从之。十一月中，项羽果率诸侯兵西入关，关门闭，闻沛公已定关中，大怒。此刘项交恶之始。项王有覆灭秦军之功，而汉祖乃先入关受子婴降，两雄不并立，即无曹毋伤之言，间隙已启矣。于此当论者，当豪杰之起，以复国相号召，必仇视秦人，汉王西入关，遂除秦苛法以收秦人之心，盖已有统一天下之志。项王坑秦降卒二十余万，屠咸阳，杀秦降王，焚秦宫室，纯为复仇举动。项王初未有统一天下之远志，故以关中封秦降将，乃以秦地还秦人，其不能与汉王争关中，于此决矣。以闻汉祖有远志，正中其忌，遂欲以击汉王，又欲于鸿门杀汉王，终于不果。范增谓项王仁而不忍，实畏名义也。《项羽本纪》言项王、范增疑沛公之有天下，业已讲解，又恶负约，恐诸侯叛之，此事实也。豪杰之亡秦，则假立六国后；诸侯之叛楚，则言分地不均；汉王之伐楚，则为义帝伐丧，举大事者必不能犯天下之大不韪，势使之然也。分王诸侯，为项王得志快意之时，其祸机即伏于此。刘文淇曰：

夫项王之分立十八王也，当时共谓不平，故陈余阴使张同、夏说说齐王田荣曰："项羽为天下宰，不平。今尽王故王于丑地，而王其群臣诸将善地。"高祖数项羽之罪云："始与项羽俱受命怀王曰：先入定关中者王之。项羽负约，王我于蜀汉，罪一。……项羽皆王诸将善地，而徙逐故主，令臣下争叛逆，罪七。项羽出逐义帝彭城，自都之，夺韩王地，并王梁楚，多自予，罪八。”

是项王之分地不平，史有明文，刘氏又考当时之封地以实之。但分地不平，乃当然之事，特就楚汉之形势言，则项王自树敌耳。其不都关中，亦势所必然，项羽欲自王大地，则先与诸侯将善地，诸侯各王故地，亦不能不以关中界秦降将明矣。《项羽本纪》：

或说项王曰：“关中阻山河四塞，地肥饶，可都以霸。”项王见秦宫室皆以烧残破，又心怀思欲东归，曰：“富贵不归故乡，如衣绣夜行，谁知之者！”说者曰：“人言楚人沐猴而冠耳，果然。”项王闻之，烹说者。

韩信亦以此为楚失计。章邯等不能敌汉王，诚然，亦会项王之习事于齐耳。项王自不能都关中，盖既与秦人为仇，将士亦思东归。（汉祖之烧栈道，非仅以示项王无东还意，备诸侯兵，亦所以绝士卒东归之路。）其都彭城，所以据天下南北之脊，通三川之路，而遥制三秦，故知项王之不都关中，正有深意，张良之劝汉祖烧栈道，为入蜀后一大计也。

秦以罪人迁蜀，诸豪杰皆山东人，于蜀之富饶，容有未悉，故以巴蜀封汉王。而汉中为蜀之门户，不得汉中，则巴蜀为死地，张良因项伯以请汉中地，蜀之形势遂变。汉王又以萧何为相，内理国政，外得大将，为奠定其立国之基础。《史记·萧相国世家》云：

> 沛公至咸阳，诸将皆争走金帛财物之府分之，何独先入收秦丞相御史律令图书藏之。沛公为汉王，以何为丞相。项王与诸侯屠烧咸阳而去。汉王所以具知天下厄塞，户口多少，强弱之处，民所疾苦者，以何具得秦图书也。何进言韩信，汉王以信为大将军。语在淮阴侯事中。汉王引兵东定三秦，何以丞相留守巴蜀，填抚谕告，使给军食。汉二年，汉王与诸侯击楚，何守关中，侍太子，治栎阳。为法令约束，立宗庙、宫室、县邑。

所言虽非一时之事，而关系甚大，汉无内顾之忧，山东有事，然后可以因利乘便。《项羽本纪》云：

> 田荣闻项羽徙齐王市胶东，而立齐将田都为齐王，乃大怒，不肯遣齐王之胶东，因以齐反，迎击田都。田都走楚。齐王市畏项王，乃亡之胶东就国。田荣怒，追击杀之即墨。荣因自立为齐王，而西击杀济北王田安，并王三齐。荣与彭越将军印，令反梁地。陈余阴使张同、夏说说齐王田荣曰："项王为天下宰，不平。今尽王故王于丑地，而王其群臣诸将善地，逐其故主，赵王乃北居代，余以为不可。闻大王起兵，且不听不义，愿大王资余兵，请以击常山，以复赵王，请以国为扞蔽。"齐王许之，因遣兵之赵。陈余悉发

三县兵，与齐并力击常山，大破之。张耳走归汉。陈余迎故赵王歇于代，反之赵。赵王因立陈余为代王。是时，汉还定三秦。项羽闻汉兵皆已并关中，且东，齐赵叛之，大怒。乃以故吴令郑昌为韩王，以距汉。令萧公角等击彭越。彭越败萧公角等。汉使张良徇韩，乃遗项王书曰："汉王失职，欲得关中，如约即止，不敢东。"又以齐、梁反书遗项王曰："齐欲与赵并灭楚。"楚以此故无西意，而北击齐。

齐、赵反楚，天下之形势已变，张良之阻项王西击汉，使汉得以安定关中。汉之得志于东，正以项王之无西意，此为楚汉之争一大关键。《高祖纪》云：

二年三月，汉王从临晋渡，魏王豹将兵从。下河内，虏殷王，置河内郡。南渡平阴津，至洛阳。新城三老董公遮说汉王，以义帝死故。汉王闻之，袒而大哭。遂为义帝发丧，临三日。发使者告诸侯曰："天下共立义帝，北面事之。今项羽放杀义帝于江南，大逆无道。寡人亲为发丧，诸侯皆缟素。悉发关内兵，收三河士，南浮江汉以下，愿从诸侯王击楚之杀义帝者。"

其时项羽为伯王，不正其罪，则为叛楚，正其罪则为讨贼，此汉人之出兵为有名也。然项王善用兵，大破汉军于彭城、灵寿、壁东，睢水为之不流。当是时，使项王乘胜逐北，汉之为汉未可知也。汉王乃使谒者随何说九江王黥布背楚，楚使龙且往击之，于是汉得稍纾。汉王稍收士卒与诸将，及关中卒益出，是以兵大振，于荥阳、京索间相持岁余，荥阳为楚所下，汉王仅以数十骑免，以前形势皆楚强而汉弱。《高祖本纪》：

> 袁生说汉王曰："汉与楚相距荥阳数岁，汉常困。愿君王出武关，项羽必引兵南走，王深壁，令荥阳、成皋间且得休。使韩信等辑河北、赵地，连燕、齐，君王乃复走荥阳，未晚也。如此，则楚所备者多，力分，汉得休，复与之战，破之必矣。"汉王从其计。

此为战略之大转变。是时英布、彭越皆已归汉，韩信已虏魏王豹，斩陈余，魏、赵底定。汉王从袁生计，出兵宛、叶间，与黥布行收兵。项羽闻汉王在宛，果引兵南，汉王坚壁不与战。是时彭越与项声、薛公战大邳，大破楚军，项羽乃引兵东击彭越，汉王亦引兵北军成皋，又为项羽所败，得韩信军始复振。汉王使韩信定三齐，项羽闻韩信破齐、赵，且欲击楚，乃使周兰、龙且往击之，又为信所破。彭越亦将兵居梁地，往来苦楚兵，绝其粮食。自此楚势遂弱，约与汉中分天下，汉王用张良、陈平计，进兵追项王，至固陵，韩信、彭越期不至，汉大败。用张良计，益韩信以楚地，而以梁地王彭越，于是韩信、彭越皆往，五年汉王与诸侯兵共击楚，淮阴侯将三十万自当之，大败楚军于陔下，使骑将灌婴追杀项羽于东城，天下遂定。

秦以武力并六国，始皇既没，豪杰复起。以复国为名，秦楚之际，复反于战国，此封建之复活也。楚汉争雄，皆欲统一天下，不复以土地与人，而势则非以土地与人不可，因其势而用之，汉祖也。《史记·留侯世家》云：

> 从东击楚，至彭城，汉败而还。至下邑，汉王下马据鞍而问曰："吾欲捐关以东等地弃之，谁可与共功者？"良进曰："九江王黥布，楚枭将，与项王有郄；彭越与齐王田荣反梁地，此两人可急使。而汉王之将，独韩信可属大事，当一面。即欲捐之，捐之此三人，则楚可破也。"汉王乃使随何说九江王布，而使人连彭越。及魏王豹反，使韩信将兵击之，因举燕、代、齐、赵。然卒破楚者，此三人力也。

韩信亦以有功当封，印刓弊忍不能予，为项王之失。高起、王陵则谓汉王能予天下同利，项羽战胜而不予人功，得地而不与人利，所以失天下，皆事实也。盖豪杰之起，非欲乘乱图功，即迫于祸患，若张良之为韩复仇，孔鲋之忠于所学，诚不数睹。张良知其然，故劝汉王以利动之，卒得成功，乃天下既定之后，汉王则谓己之能得天下，在能用三杰，不在能以地与人，其用心盖可睹矣。上下交征利，非屠戮功臣，必有篡弑之祸，项羽自刎之日，即韩信、黥布、彭越就戮之期也。

三　高祖

汉五年，天下既定。诸侯上疏尊立汉高祖为帝，汉王即皇帝位于汜水之阳，开布衣天子之局。太史公《秦楚之际月表·序》曰：

> 王迹之兴，起于闾巷，合从讨伐，轶于三代，乡秦之禁，适足以资贤者为驱除难耳。故愤发其所为天下雄，安在无土不王。此乃传之所谓大圣乎？岂非天哉，岂非天哉！非大圣孰能当此受命而帝者乎？

无土不王之信条，竟为汉祖而变，此一大变矣。当高祖之初起，萧、曹等皆文吏，恐事不就，秦族诛其家，尽让高祖，而高祖竟以此成大业。后代开国之君率无赖之辈，文人学士不敢为天下先，无赖而能成事，其辅相之者必人杰也。故历代君主，其举事也无非出于私心，以天下为私业，而其能得天下与守天下，必与天下同其利，而后天下与同其害，此则历史之公例也。

汉王既代秦而有天下，汉初一切法制，多沿秦旧，所不同者，郡县与封建并行而已。《汉书·高帝纪》云：

高祖不修文学，而性明达，好谋，能听，自监门戍卒，见之如旧。初顺民心作三章之约。天下既定，命萧何次律令，韩信申军法，张苍定章程，叔孙通制礼仪，陆贾造《新语》。又与功臣剖符作誓，丹书铁契，金匮石室，藏之宗庙。虽日不暇给，规摹弘远矣。

萧何为秦吏掾，张苍为秦御史，叔孙通为秦博士。《刑法志》谓萧何攈摭秦法，取其宜于时者，作律九章。《叔孙通传》云：

臣愿颇采古礼与秦仪杂就之。

《张苍传》云：

自秦时为柱下御史，明习天下图书计籍。（其章程必依于秦法。）

汉初之军制沿于秦，故曰“申军法”，惟陆贾《新语》反对秦之任刑而尚德教，惩秦之兴作而尚无为，代表汉初之政治思想而异于秦。汉仍秦制，而天下以宁，非法制之关系小，乃时移势变也。汉初封建复活，虽有尾大之弊，诸侯各君其国，于防制叛乱，则为有益，封建至武帝而衰，大一统之制则至武帝而完成，郡县制度在封建之下而成功，非一大奇迹耶?

当是时，丁壮苦军旅，老弱罢转饷，以战国穷困之民，继以秦汉间之战祸，人民咸欲得休息，能得苟安，即不欲动，抚其豪杰而用之，天下即可无事，故汉初祸乱皆不旋踵而平。高祖出自微细，知人民疾苦，其辅相萧何，以文毋害，能行清静之政。十一年诏曰：

> 今吾以天之灵，贤士大夫定有天下，以为一家，欲其长久，世世奉宗庙亡绝也。贤人已与我共平之矣，而不与吾共安利之，可乎?

此盖鉴亡秦之失策，而惟以安民为务也。秦之所以苦民者，内事兴作，外攘夷狄，汉初反之，即内无所兴作，而与匈奴和亲，结欢南越赵佗。高祖七年：

> 萧何治未央宫，立东阙、北阙、前殿、武库、太仓。上见其壮丽，甚怒，谓何曰："天下匈匈，劳苦数岁，成败未可知，是何治宫室过度也！"

于此一端，即可见其与民休息之意，萧、曹无为之治，非废事之谓，即在息兵事与兴作。其余安民之道，尤兢兢焉。其一为军吏，五年夏五月兵皆罢归家，诏曰：

诸侯子在关中者，复之十二岁，其归者半之。……军吏卒会赦，其亡罪而亡爵及不满大夫者，皆赐爵为大夫。故大夫以上赐爵各一级，其七大夫以上，皆令食邑，非七大夫以下，皆复其身及户，勿事。七大夫、公乘以上，皆高爵也。诸侯子及从军归者，甚多高爵，吾数诏吏先与田宅，及所当求于吏者，亟与。爵或人君，上所尊礼，久立吏前不为决，甚亡谓也。异日秦民爵公大夫以上，令丞与亢礼。今吾于爵非轻也，吏独安取此！且法以有功劳行田宅，今小吏未尝从军者多满，而有功者顾不得，背公立私，守尉长吏教训甚不善。其令诸吏善遇高爵，称吾意。且廉问不如吾诏者，以重论之。

六年诏曰：

天下既安，豪杰有功者封侯，新立，未能尽图其功。身居军九年，或未习法令，或以其故犯法，大者死刑，吾甚怜之。其赦天下。

六年：

上居南宫，从复道上见诸将往往耦语，以问张良。良曰："陛下与此属共取天下，今已为天子，而所封皆故人所爱，所诛皆平生所怨。今军吏计功，以天下为不足遍封，而恐以过失及诛，故相聚谋反耳。"上曰："为之奈何？"良曰："取上素所不快，计群臣所共知最甚者一人，先封以示群臣。”

八年：

令吏卒从军至平城及守城邑者，皆复终身勿事。爵非公乘以上，毋得冠刘氏冠。

由此可见安集军吏之难。此曹与高祖共取天下，封之则地有限，又恃功犯法，依法行诛则恐其为难，于是士卒则罢归复除其身家，吏则赏以武功爵，其不为叛乱，则安集之有道也。其次则为秦时保聚山泽之人，高祖五年诏曰：

民前或相聚保山泽，不书名数。今天下已定，令各归其县，复故爵田宅，吏以文法教训辨告，勿笞辱。

此皆秦时之亡命，良莠不齐，急则生变，故复其故爵田宅以安辑之。此外则为奴婢。五年诏曰：

民以饥饿自卖为人奴婢者，皆免为庶人。

此由大乱之后，户口减少，放奴虽以开恩，亦以增国赋也。（七年诏：“民产子，勿复事二岁。”奖励生育，亦是此意。）其于商则困辱之，所以抑止兼并。（十年陈豨反代，其将多贾人，与此有关。）汉祖君臣所以安辑人民之道，可谓尽心也。汉祖犹虑天下之有变，徙都关中以自固，又徙六国豪族于关中。高祖五年：

> 戍卒娄敬求见，说上曰："陛下取天下与周异，而都洛阳，不便，不如入关，据秦之固。"上以问张良，良因劝上。是日，车驾西都长安。（是后长安遂为西汉帝都，此与平七国之乱、征伐匈奴，皆有关系。）

九年：

> 徙齐楚大族昭氏、屈氏、景氏、怀氏、田氏五姓于关中，与利田宅。

其议亦娄敬发之。《汉书·地理志》论其事曰：

> 汉兴，立都长安，徙齐诸田，楚昭、屈、景及诸功臣家于长陵。后世世徙吏二千石、高訾富人及豪杰并兼之家于诸陵。盖亦以强干弱支，非独为奉山园也。（徙民之事，详见《本纪》。）

徙豪族本秦人之旧法，汉踵行之，至元成以后，始不徙民卫陵，统一已久，无此必要也。

五年汉封韩信为楚王，都下邳；封彭越为梁王，都定陶。两人之王，本出于不得已，非高祖本意。旧有之诸侯，曰淮南王英布，韩王信，衡山王吴芮，赵王张敖，燕王臧荼，合为七王，皆高祖之所忌也。其年以吴芮为长沙王，亡诸为闽粤王，臧荼反，平之，以卢绾为燕王。诸侯虽尊汉为帝，皆欲据地自王，如六国故事。诸侯中，惟楚王韩信与汉祖自始即定君臣之分，其余不过以小事大，然信在未平楚之前，即怀两端，为汉祖之所最忌。故初平项羽，即入其壁夺其军；六年用陈平计伪游云梦，诱执之，贬为淮阴侯；十一年斩于钟室。世谓汉祖残戮功臣，实其所诛杀皆据地自王者，其余功臣，何尝不能保全？汉祖本不欲封建，以异姓诸侯王之强，不能不大封同姓，在当时则所以抗异姓，其后则为子孙忧，此无可奈何之事耳。高祖六年大封同姓，诏曰：

> 齐，古之建国也，今为郡县，其复以为诸侯。将军刘贾数有大功，及择宽惠修絜者，王齐、荆地。

春正月丙午，韩王信等奏请以故东阳、鄣郡、吴郡五十三县封刘贾为荆王；以砀郡、薛郡、郯郡三十六县立弟文信君交为楚王。壬子，以云中、雁门、代郡五十三县立兄宜信侯喜为代王；以胶东、胶西、临淄、济北、博阳、城阳郡七十三县立子肥为齐王；以太原郡三十一县为韩国，徙韩王信都晋阳。此为高祖大封同姓之始。《汉书·诸侯王表序》云：

> 汉兴之初，海内新定，同姓寡少，惩戒亡秦孤立之败，于是剖裂疆土，立二等之爵。功臣侯者百有余邑，尊王子

弟，大启九国。（在高祖六年仅有荆、楚、齐、代，其后诛戮诸侯王，高祖末年乃成九国，合异姓之长沙为十国。）

高祖六年，匈奴围韩王信于马邑，信降匈奴（后为柴将军所杀），韩亡。九年，废赵王敖为宣平侯，赵亡。十一年，梁王彭越谋反，夷三族，梁亡。十一年，英布反淮南。十二年，上自击布，淮南亡。十二年，燕王卢绾谋反，燕亡。韩信、臧荼既早亡国，高祖即位时之诸侯王，独吴芮在耳。七年，代王喜弃国自归洛阳，赦为合阳侯。十一年，英布击杀荆王贾。（无后，国除。）高祖六年所封同姓，仅齐、楚尚存。七年，立子如意为代王，九年徙为赵王，立子恒为代王。同年立子长为淮南王，子恢为梁王，子友为淮阳王。十二年沛侯濞为吴王，立子建为燕王，所谓大启九国者也。《汉书·诸侯王表序》云：

自雁门以东，尽辽阳，为燕、代。常山以南，太行左转，渡河、济，渐于海，为齐、赵。穀、泗以往，奄有龟、蒙，为梁、楚。东带江、湖，薄会稽，为荆、吴。北界淮濒，略庐、衡，为淮南。波汉之阳，亘九嶷，为长沙。诸侯比境，周帀三垂，外接胡越。天子自有三河、东郡、颍川、南阳，自江陵以西至巴蜀，北自云中至陇西，与京师内史凡十五郡。（全祖望云：“汉初天子自属之地虽少，然不止十五郡。三河而外，尚有魏郡；江陵以西，尚有武陵；而云中至陇西中历北地上郡，然则并内史为十八郡也。”）公主、列侯颇邑其中。（公主、列侯虽食邑汉郡，三辅无侯国，见《日知录·汉侯国》条。）而藩国大者跨州兼郡，连城数十，宫室百官，同制京师，可谓矫枉过其正矣。

虽然，高祖创业日不暇给，孝惠享国又浅，高后女主摄位，而海内晏如，亡狂狡之忧，卒折诸吕之难，成太宗之业者，亦赖于诸侯焉。

汉初复封建之制，诸侯王得自置大夫以下官，得自纪年，俨同于古诸侯。（《廿二史札记》曾论之。）《百官表》云：

诸侯王，高帝初置，金玺盭绶，掌治其国。有太傅辅王，内史治国民，中尉掌武职，丞相统众官，群卿大夫都官如汉朝。景帝中五年令诸侯王不得复治国，天子为置吏，改丞相曰相，省御史大夫、廷尉、少府、宗正、博士官，大夫、谒者、郎，诸官长丞皆损其员。武帝改汉内史为京兆尹，中尉为执金吾，郎中令为光禄勋，故王国如故。损其郎中令，秩千石；改太仆曰仆，秩亦千石。成帝绥和元年省内史，更令相治民，如郡太守，中尉如郡都尉。

《高五王传赞》云：

自吴、楚诛后，稍夺诸侯权，左官附益阿党之法设。其后诸侯惟得衣食租税，贫者或乘牛车。

《诸侯王表序》云：

> 景遭七国之难，抑损诸侯，减黜其官。武有衡山、淮南之谋，作左官之律，设附益之法，诸侯惟得衣食租税，不与政事。

此历世损抑诸侯王权之大略也。汉初诸侯王权太重，故文景之世即以诸侯为忧，至武帝时，诸侯始弱。（诸侯王好文学者，如楚元王、河间王、梁孝王、淮南王之类甚少，其余多以无教诲之道，淫乱其法，见《廿二史札记》。）然郡县制度亦在此完成，此封建制度之末光也。余杭章先生《通法篇》论曰：

> 秦始皇用李斯，大涤旧污，自为天子，而子弟为匹夫，迄汉虽有侯王，然齐民告王甚众，有谋贼宗亲者，刑不加陵，魏晋五朝仿此。（惟唐律有异，盖承鲜卑之俗。）

皇族者本以肺腑食禄，不名一官，增一人不为多，减一人不为少，指斥而罚，谤讪而刑，殴伤谋杀而丽重辟，此为国政乎？且为一家也？今远西日本犹尊皇族，盖世酋之流，独中夏少脱，是则始皇之庇烝民也。此谓吾国去封建最早，而今人犹曰“封建”，封建云者，何所据而云然耶？

四　孝惠吕后

吕后为人刚毅，佐高祖定天下，将相大臣皆畏之，惠帝仁柔，戚夫人子赵王如意有宠，高祖数欲易太子，惠帝之得立，以吕后故也。高祖崩，惠帝即位，受制于吕后，七年而崩，吕后乃立少帝，吕后称制，一切以吕后制诏行之，《史记》不立《惠帝纪》，以其时政在吕后故耳。吕后为中国女主之始，后世以为女祸之戒。（赵翼以为不当与武后并称。）然吕后之恶德，专在私行与残酷宗室，无关天下治乱。（说详后。）

《史记·吕后本纪》论云：

> 孝惠皇帝、高后之时，黎民得离战国之苦，君臣俱欲休息乎无为，故惠帝垂拱，高后女主称制，政不出房户，天下晏然。刑罚罕用，罪人是希。民务稼穑，衣食滋殖。

此盖吕后、惠帝时政治之定评。其时宰相皆萧、曹旧人，一切遵循前轨。吕后、惠帝之政治，即承继高祖之政治，离于祸乱日远，则民生日裕，故以民生而论，当又优于高帝之时。《食货志》云：

> 汉兴，接秦之敝，诸侯并起，民失作业而大饥馑。凡米石五千，人相食，死者过半。高祖乃令民得卖子，就食蜀汉。天下既定，民亡盖臧，自天子不能具醇驷，而将相或乘牛车。（《平准书》同。）

《高惠高后孝文功臣表序》亦云：

> 时大城名都民人散亡，户口可得而数裁什二三，是以大侯不过万家，小者五六百户。

《陈平传》谓：

> 高帝南过曲逆，上其城，望室屋甚大，曰："壮哉县！吾行天下，独见洛阳与是耳。"顾问御史："曲逆户口几何？"对曰："始秦时三万余户，间者兵数起，多亡匿，今见五千余户。"

以三万户之大都，降至五千余户，其残破之情况可想，不加保息，其能国乎？单于为书嫚吕后，樊哙请以十万众横行匈奴，季布曰：

> 且秦以事于胡，陈胜等起，今创痍未瘳，哙又面谀，欲动摇天下。

以秦为戒，不欲事夷狄而敝中国，乃当时人所共然，故和亲为西汉初年之国策，莫之敢易。惠帝时虽城长安，颇事兴作，（惠帝元年春，城长安。三年六月，发诸侯王、列侯徒隶二万人城长安。五年春正月，复发长安六百里内男女十四万五千人城长安。）盖以京邑翼翼，四方所瞻，而所发或为徒隶，或限于六百里内，慎之至也。惠帝即位之年，减田租，复十五税一。六年，令女子年十五以上至三十不嫁，五算。所以恤农民，奖生育也。惠帝元年令："民有罪，得买爵三十级，以免死罪。"所以全民命而增国库也。（大乱之后，人民稀少。）其于教名善俗之道，则有孝弟力田之选。惠帝四年，举民孝弟力田者复其身。吕后元年，初置孝弟力田二千石者一人。其于秦时刑法，亦多修改。惠帝四年："省法令妨吏民者，初除挟书律。"吕后元年诏曰："前日孝惠皇帝言欲除三族罪、妖言令，议未决而崩，今除之。"吕后女主不出户房，此皆大臣为之也。吕后所用虽高祖旧人，以与高祖时政相比，则较为宽缓，如弛商贾之律是也。（《平准书》云："孝惠、高后时为天下初定，复弛商贾之律，然市井之子孙亦不得仕宦为吏。"）史家谓刑罚罕用，罪人是希，民务稼穑，衣食滋殖，实非偶然。

吕后、孝惠时有二事足以垂法于后世者，一为天子与国家财用分领。《平准书》云：

孝惠、高后时……量吏禄，度官用，以赋于民。而山川园池市井租税之入，自天子以至于封君汤沐邑，皆各为私奉养焉，不领于天下之经费。（《食货志》以为高祖时。）

少府虽为秦官，以司农领国家经费，少府主天子奉养，则为汉制，盖吕后时政在大臣，遂以少府供其奉养，妇人奉养足，即无事也。余杭章先生《通法篇》论曰：

天子曰县官，亦曰国家，此其过制淫名，以土地之毛当会敛于己，然其名实自违，卒有私财，足以增修宫馆，无亏大农经费。

《新论》有曰：

汉定以来，百姓赋敛，一岁为四十余万万，吏奉用其半，余二十万万藏于都内为禁钱，少府所领园池作务八十三万万以给宫室供养诸赏赐。（案：少府所入，不应倍于赋敛。）

此为少府与主赋敛者分，帝有私产，不异编户。

二为百官会议。汉初丞相皆功臣，故相权大，大事则百官会议，其为定制。在吕后时，盖女主称制，朝皆旧勋，故大事则百官会议。二年诏议功次，四年诏议废少帝，七年诏议昭灵夫人尊号，又诏诸将议边事。汉廷大事多属之百官会议，虽臣工多阿附人主，失会议之意，刚正不阿者实亦不少，如夏侯胜直斥诏书为不可用，此岂可见于后世哉？匈奴虽于吕后七年寇狄道略二千人，终高后世未尝用兵，南越亦未有大变，广树亲戚为大藩，不逞之民亦无自而起。诸将之难制者，高帝时已尽诛之。同姓诸侯王新建，未敢有他志。（吕后于同姓诸侯所恶为赵王如意、齐王肥、赵王恢，新国无力，惟吕后所欲为。）萧、曹为相，镇抚朝廷，故内外无事。其时吕后所畏，惟高祖时功臣耳。故下恩诏以慰其意。《汉书·高后本纪》：

> 二年春，诏曰："高皇帝匡饬天下，诸有功者皆受分地为列侯，万民大安，莫不受休德。朕思念至于久远，而功名不著，亡以尊大谊，施后世。今欲差次列侯功以定朝位，臧于高庙，世世勿绝，嗣子各袭其功位。其与列侯议定奏之。"丞相臣平言："谨与绛侯臣勃、曲周侯臣商、颍阴侯臣婴、安国侯臣陵等议，列侯幸得赐餐钱奉邑，陛下加惠，以功次定朝位，臣请臧于高庙。"奏可。

此诏不下于惠帝在时，而下于惠帝崩后，其出于自危与忌可知也。惠帝崩，为吕后一大变，吕氏之祸，实陈平、周勃成之。吕氏在高祖时侯者三人，孝惠在时，吕后亦未尝偏私外家，逮孝惠崩，吕后自危，乃王诸吕以自辅。《外戚传》云：

留侯子张辟彊为侍中，年十五，谓丞相陈平曰：“太后独有帝，今哭而不悲，君知其解未？”陈平曰：“何解？”辟彊曰：“帝无壮子，太后畏君等。今请拜吕台、吕产为将，将兵居南北军，及诸吕皆官，居中用事。如此则太后心安，君等幸脱祸矣。”丞相如辟彊计请之，太后悦，其哭乃哀。

吕氏权由此起，非吕后之起于自危乎？非陈平启之乎？其后吕后欲王诸吕，独王陵廷争，陈平、周勃皆赞成之，陈平反谓“王陵安刘氏君亦不如臣”，岂信然耶？诸吕之王，既背高祖非刘氏不王之约，又执兵柄，为人所忌，平、勃因吕后崩而诛之，谓其恐为大臣、诸侯王所诛，因谋作乱，非其实矣。《周勃传》：

勃曰：“今已灭诸吕，少帝即长用事，吾属无类矣。”

其诛诸吕，可谓无愧于心乎？其废少帝，为避将来之祸，而诬之为非惠帝子，张辟彊谓惠帝无长子，明少帝为惠帝子，平、勃之用心，路人知之矣。陈平固奸人，爰盎亦谓周勃非社稷臣，岂无故哉？已诛诸吕废少帝，其立代王，亦利其仁柔易制耳。《史记·吕太后本纪》云：

或言：“齐悼惠王，高帝长子，今其适子为齐王，推本言之，高帝适长孙，可立也。”大臣皆曰：“吕氏以外家恶

> 而几危宗庙,乱功臣。今齐王母家驷钧，驷钧，恶人也。即立齐王，则复为吕氏。”欲立淮南王，以为少，母家又恶。乃曰：“代王方今高帝见子，最长，仁孝宽厚，太后家薄氏谨良。”

当时情形无非欲立一柔懦之人，以图久持国政，情势本极险恶，乃文帝仁贤，消患于未形，汉家国祚永定，平、勃亦得善终，真天幸也。平、勃在高后时则顺高后之意，王诸吕以持其权位，高后崩则杀诸吕废少帝以持其权位，立代王利其仁柔以久其权位，所谓吕氏之乱，无非出于陈平、周勃权位之私心所造成，而吕后竟与武后并称，不亦冤哉!

五　文帝景帝

史家称“文景之治”比于成、康，以为汉之极盛，独刘向、崔寔之言为异。应劭《风俗通》载刘向对成帝曰：

> 文帝遵汉家，基业初定，重承军旅之后，百姓新免于干戈之难，故文帝宜修秦余政，轻刑事少，与之休息，以俭约节欲自持，初开籍田，躬劝农耕桑，务民之本。即位十余年，时五谷丰熟，百姓足，仓廪实，蓄积有余。然文帝本好黄老之言，不甚好儒术，其治尚清静无为，以故礼乐庠序未修，苟温饱完给，所谓治安之国也。其后匈奴数犯塞，侵扰边境，单于深入寇掠，贼害北地都尉，杀略吏民，系虏老弱，驱畜产，烧积聚，候骑至甘泉，烽火通长安，京师震动，无不忧懑。是时，大发兴材官骑士十余万军长安，帝遣丞相灌婴击匈奴，文帝自劳军至太原、代郡，由是北边置屯待战，设备备胡，兵连不解，转输骆驿，费损虚耗。因以年岁谷不登，百姓饥乏，谷籴常至石五百，时不升一钱。前

待诏贾捐之为孝元皇帝言："太宗时民赋四十，断狱四百余。"案：太宗时民重犯法，治理不能过中宗之世，地节元年，天下断狱四万七千余人，如捐之言，复不类，前世断狱，皆以万数，不三百人。文帝即位二十三年，日月薄蚀，地数震动，毁坏民庐舍，关东二十九山同日崩溃，水出，河决酸枣，大风坏都，雨雹如桃李，深者厚三尺，狗马及人皆生角，大雪、蝗虫。文帝下诏书曰："间者阴阳不调，日月薄蚀，年谷不登，大遭旱蝗饥馑之害，谪见天地，灾及万民。丞相、御史议可以佐百姓之急。"推此事类，似不及中宗之世，不可以为升平。……成帝曰："其治天下，孰与孝宣皇帝？"向曰："中宗之世，政教明，法令行，边境安，四夷亲，单于款塞，天下殷富，百姓康乐，其治过于太宗之时，亦以遭遇匈奴宾服，四夷和亲也。"上曰："后世皆言文帝治天下几至太平，其德比周成王，此语何从生？"向对曰："生于言事。文帝礼言事者，不伤其意，群臣无小大，至即便从容言，上止辇听之，其言可者称善，不可者喜笑而已。言事者多褒之，后人见遗文，则以为然。世之毁誉，莫得其实，审形者少，随声者多，或至以无为有。故曰：'尧舜不胜其善，桀纣不胜其恶。'桀纣非杀父与君也，而世有杀父君者，人皆言无道如桀纣，此不胜其恶。故若文帝之仁贤，不胜其善，世俗褒扬，言其德比成王，治几太平也。然文帝之节俭约身，以率天下，忍容言者，含咽臣子之短，此亦通人之难及，似出于孝宣皇帝者也。如治理之材，恐文帝亦不及孝宣皇帝。”

崔寔《政论》亦谓宣帝之政治优于孝文。（《论衡·儒增篇》载光武辨文帝不居明光宫，断狱不三人。）大抵汉人称文帝颇有溢美，故刘向以为俗人所妄传，言过其实。以刘向之言合之于司马迁、班固之言，其称文帝之美相同，惟言其政治不及宣帝，则马、班所未及。以当时情势推之，刘向之言可信，但谓文帝治理之才不及宣帝，则又非知文帝者也。世以文、景并称，景帝实不逮文帝甚远。景帝守文之主耳，而其政治一依文帝之旧，则并称亦可。《汉书·刑法志》六：

当孝惠、高后时，百姓新免毒蠚，人欲长幼养老。萧、曹为相，填以无为，从民之欲，而不扰乱，是以衣食滋殖，刑罚用稀。及孝文即位，躬修玄默，劝趣农桑，减省租赋。而将相皆旧功臣，少文多质，惩恶亡秦之政，论议务在宽厚，耻言人之过失。化行天下，告讦之俗易。吏安其官，民乐其业，蓄积岁增，户口浸息。风流笃厚，禁罔疏阔。选张释之为廷尉，罪疑者予民，是以刑罚大省，至于断狱四百。

《史记·平准书》云：

汉兴七十余年之间，国家无事，非遇水旱之灾，民则人给家足，都鄙廪庾皆满，而府库余货财。京师之钱累巨万，贯朽而不可校。太仓之粟陈陈相因，充溢露积于外，至腐败不可食。众庶街巷有马，阡陌之间成群，而乘字牝者傧而不得聚会。守闾阎者食粱肉，为吏者长子孙，居官者以为姓号。故人人自爱而重犯法，先行义而后绌耻辱焉。当此之时，网疏而民富，役财骄溢，或至兼并豪党之徒，以武断于乡曲。宗室有土，公卿大夫以下，争于奢侈，室庐舆服僭于上，无限度。物盛而衰，固其变也。

《史》《汉》所论为文景时代之政治社会情况，上承萧、曹以来之治，以宽厚清静为主。汉初宰相皆汉初功臣，至景帝之申屠嘉为止，故汉初政治如出一辙。文景之治，为汉初黄老政治之极盛。（汉人所谓黄老进退而已。）然各时代政治上之困难问题则不全同，高祖时之困难，外患则匈奴，内患则异姓诸侯王；高后、惠帝时惟匈奴为患，惠帝殁后，始有大臣之逼，而同姓诸侯无忧也；文帝时三者并起，夷狄、诸侯、才臣皆可畏，稍一不慎，即足以倾覆汉室，幸大臣无篡夺之心，不与夷狄诸侯相合，不然则汉朝必致瓦解。文帝才大，能销患于未形，史家但称其德，罕言其才用，刘向且谓治理之才不及宣帝，失其实也。文帝之时犹是封建时代，汉所谓治者十八郡，诸侯自为政如战国之时，其政治之不及宣帝，即此可想见，况其时大患未去，又安暇及此耶？

文帝为高祖中子，母曰薄姬，高祖十一年立为代王，其入嗣大统，以吕氏之乱故也。少时不以才能著称，平、勃利其仁厚而立。（文帝不知天王与王之别，《王陵传》言“居顷之，上益明习国家事”，明其前殊不明白也。）然其人静渊有谋，得于天赋，西向让三，南向让再，而后即位。即位之夕，拜宋昌为卫将军，领南北军，张武为郎中令，行殿中，宋昌故代中尉，张武故代郎中令也。兵柄即入大臣手中，则不虞他变。元年先封赏功臣，还吕氏所夺齐、楚侵地，以慰大臣宗藩之望，然后修代来功，封宋昌为壮武侯。有司请早建太子，则推尊吴、楚，以明不敢长有天下。益列侯从高祖入蜀者户，又封吏二千石以上从高祖者颍川、守尊等食邑六百户，淮阳守申屠嘉等五百户，卫尉足等四百户。淮南王舅赵兼，齐王舅驷钧，故常山王相蔡兼为列侯。（皆元年事。）上下皆得其欢心，非有智术者不能。陈平多智，知文帝中心忌之，文帝立乃谢病，以右丞相让周勃。周勃为丞相，朝罢趋出，意甚得，上礼之恭，常目送之。居十余月，勃惧，亦自危，请归相印，上许之。陈平专为丞相（八月中），二月而薨（十月薨），复以周勃为相，诏列侯就国，而周勃不悟。次年（文帝三年），重申列侯就国之诏，免丞相勃，遣就国。勃在文帝世，几于不免。平、勃诛诸吕以后事，几危社稷，文帝处之得当，故销患于未形，然平、勃之志，亦在把持政权，非敢有他。（宋昌曰：“夫秦失其政，诸侯豪杰并起，人人自以为得之者以万数，然卒践天子之位者刘氏也，天下绝望，一矣。高皇帝封王子弟，地犬牙相制，此所谓磐石之宗也，天下服其强，二矣。汉兴，除秦苛政，约法令，施德惠，人人自安，难以摇动，三矣。”汉初固无敢有篡夺之者，但把持政权则为恒事，高祖至景帝宰相为高祖时旧人，此则共有天下之意也。）

在内之患，无过强藩。终文帝时，有吴、楚、齐、城阳、济北、济南、菑川、胶西、胶东、代、赵、河间、淮南、衡山、庐江十五国。二年，立赵幽王太子遂为赵王，遂弟辟彊为河间王，齐悼惠王子章为城阳王，兴居为济北王，皇子武为代王，参为太原王，揖为梁王，济北王兴居谋反，自杀国除。十五年，齐文王薨，无子，乃分齐为六，尽立前所封悼惠王子列侯见立者六人为王，齐孝王将闾以杨虚侯立，济北王志以安都侯立，菑川王贤以武城侯立，胶东王雄渠以白石侯立，胶西王卬以平昌侯立，济南王辟光以扐侯立。十六年，王淮南厉王子于淮南故地，三分之，阜陵侯安为淮南王，安阳侯勃为衡山王，阳周侯赐为庐江王，合吴、楚为十五国，齐分为七，淮南分为三，赵分为二，皆兄弟与兄弟之子孙，惟梁、代、太原为文帝子。文帝之初，吴、楚、淮南、齐国为大，济北王兴居与城阳王章，本以谋诛吕功封，大臣初许以赵地王章，梁地王兴居。及文帝立，闻朱虚、东牟之初欲立齐王，故绌其功。二人既失职怨望，岁余章薨。文帝三年，匈奴入寇，汉多发兵，丞相灌婴将击之，文帝亲幸太原，兴居闻天子在太原，遂发兵反，上闻之，罢兵，使柴武击破其兵，虏之，兴居自杀。文帝之不以梁、赵地王兴居兄弟，以齐既大藩，益以赵、梁，合力西向，不可复制耳。淮南王自以与文帝最亲，数不奉法，上宽赦之，又锥击辟阳侯审食其，又释不问，竟逐汉所置相二千石，文帝重自切责之，令薄照与书谏之。六年，令男子但等七十人与棘蒲侯柴武太子奇谋，以辇车四十乘反谷口，令人使闽越、匈奴，事觉治之，群臣议当弃市，文帝不忍，迁之于蜀，道死。吴王濞有豫章铜山，即招致天下亡命者盗铸钱，东煮海为盐，以故无赋，国用饶足。孝文时吴太子入见，与太子博争道，太子提杀之，吴王大愠，由是诈疾不朝。文帝优容之，赐以几杖。贾谊上疏曰："今或亲弟谋为东帝，亲兄之子西向而击，今吴又见告矣。"亲弟谓淮南，亲兄之子谓济北也。

汉初之封俨如战国，贾谊《新书·等齐篇》曾慨乎言之，天子于诸侯亦置关以备之，如秦人之于六国。《新书·壹通篇》云：

> 所为建武关、函谷、临晋关者，大抵为备山东诸侯也。天下之制在陛下，今大诸侯多其力，因建关而备之，若秦时

之备六国也。岂若定地势，使无可备之患，因行兼爱无私之道，罢关一通，示天下无以区区独有关中者？（惠帝即位，诏爵五大夫吏六百石以上及宦皇帝而知名者，有罪当盗械者皆颂击，汉朝与诸侯不同，此不能兼爱也。）

文帝十二年除关无用传，其感于贾谊之言欤？景帝诏书言文帝通关梁不异远方，晁错对策亦以除关去塞为文帝善政之一。（汉景四年，以新有七国之变，复置关。）汉之与诸侯其实均也。故贾谊上疏论天下形势，主于众建诸侯而少其力，曰：

若此诸王，虽名为臣，实皆有布衣昆弟之心，虑亡不帝制而天子自为者。擅爵人，赦死罪，甚者或戴黄屋，汉法令非行也。虽行，不轨如厉王者，令之不肯听，召之安可致乎！幸而来至，法安可得加！动一亲戚，天下圜视而起，陛下之臣虽有悍如冯敬者，适起其口，匕首已陷其匈矣。陛下虽贤，谁与领此？故疏者必危，亲者必乱，已然之效也。其异姓负强而动者，汉已幸胜之矣，又不易其所以然。同姓袭是迹而动，既有征矣，其势尽又复然。殃祸之变，未知所移，明帝处之，尚不能以安，后世将如之何！屠牛坦一朝解十二牛，而芒刃不顿者，所排击剥割，皆众理解也；至于髋髀之所，非斤则斧。夫仁义恩厚，人主之芒刃也；权势法制，人主之斤斧也。今诸侯王皆众髋髀也，释斤斧之用，而欲婴之以芒刃，臣以为不缺则折。胡不用于淮南、济北？势不可也。臣窃迹前事，大抵强者先反。淮阴王楚最强，则最先反；韩信倚胡，则又反；贯高因赵资，则又反；陈豨兵精，则又反；彭越用梁，则又反；黥布用淮南，则又反；卢绾最弱，最后反。长沙乃在二万五千户耳，功少而最完，势疏而最忠，非独性异人也，亦形势然也。曩令樊、郦、绛、灌据数十城而王，今虽以残亡可也；令信、越之伦列为彻侯而居，虽至今存可也。然则天下之大计可知已。欲诸王之皆忠附，则莫若令如长沙王；欲臣子之勿菹醢，则莫若令如樊、郦等；欲天下之治安，则莫若众建诸侯而少其力。力少则易使以义，国小则亡邪心。令海内之势，如身之使臂，臂之使指，莫不从制，诸侯之君，不敢有异心，辐辏并进，而归命天子，虽在细民，且知其安，故天下咸知陛下之明。割地定制，令齐、楚、赵各为若干国，使悼惠王、幽王、元王之子孙，毕以次各受祖之分地，地尽而止，及燕、梁它国皆然。其分地众而子孙少者，建以为国，空而置之，须其子孙生者，举使君之。诸侯之地其削颇入汉者，为徙其侯国及封其子孙也，所以数偿之。一寸之地，一人之众，天子亡所利焉。

汉初诸侯之形势，诚如贾谊所论者，国大必为乱，动以亲戚，则天下圜视而起，并结匈奴、闽越以抗天子。孝、文之容忍诸侯王，虽由其性宽仁，亦虑之周矣。其分齐、赵、梁诸国，固已师贾谊之意，其后主父偃推恩之策，贾谊启之也。汉初无言废封建者，不惟不可能，废封建以后，汉亦无法统治此大国。贾谊《新书·属远篇》云：

> 秦不能分尺寸之地，欲尽自有之耳。输将起海上而来，一钱之赋耳，十钱之费弗轻能致也。上之所得者甚少，而民毒苦之甚深，故陈胜一动而天下不振。今汉越两诸侯之中分，而乃以庐江之为奉地，虽秦之远边过此不远矣。令此不输将、不奉主，非奉地义也，尚安用此而久县其心哉！若令此如奉地之义，是复秦之迹也。

故司马迁于《景帝纪论》，以晁错为刻削诸侯，盖由未以郡县为优于封建也。即晁错之削吴、楚，亦惟言削之亦反，不削亦反，所虑皆在诸侯，而未尝思地归于汉如何治理也。（贾谊上书请封建子弟，乃不得已而以亲制疏之法，故曰二世之利，其谏封淮南四子，谓不当封而已，想亦非欲汉有土地。）文帝于诸王，制之以渐，其势已衰，故《史记·景帝纪论》谓至孝景不复忧诸侯，其大封梁国，以周亚夫属景帝，诸侯之生死，久已在其度内，非有智术者能为之乎？然文帝于诸侯王用贾谊之策，列侯就国亦贾谊发之，于匈奴用晁错之策，用其言而不显其身者，时势然矣。（汉初大臣皆军吏，《史记·任敖传》谓自汉兴至孝文二十余年，会天下初定，将相公卿皆军吏也。此时士人政治未开，故贾、晁在文帝时皆不大贵。又诸大臣惟知少事，以簿书期会为事，贾谊曾痛斥之。晁错亦上书三十篇，言削诸侯及法令可更定者。此亦与汉初清静无为之政治不合，贾、晁乃后一期之思想，宜乎绛、灌之属恶之。）

文帝之对外政策，一守汉初成法。南越尉佗自立为帝，召贵佗兄弟，以德怀之，佗遂称臣。其于匈奴入寇，惟令边备守，不发兵深入。《史记·匈奴传》云：

> 孝文帝初立，复修和亲之事。其三年五月，匈奴右贤王入居河南地，侵盗上郡葆塞蛮夷，杀略人民。于是孝文帝诏丞相灌婴发车骑八万五千，诣高奴，击右贤王。右贤王走出塞。文帝幸太原。……汉议击与和亲孰便。公卿皆曰："单于新破月氏，乘胜，不可击。且得匈奴地，泽卤，非可居也。和亲甚便。"……汉孝文皇帝十四年，匈奴单于十四万骑入朝那、萧关，杀北地都尉卬，虏人民畜产甚众，遂至彭阳。使骑兵入烧回中宫，候骑至雍甘泉。于是文帝以中尉周舍、郎中令张武为将军，发车千乘，骑十万，军长安旁以备胡寇。而拜昌侯卢卿为上郡将军，宁侯魏遬为北地将军，隆虑侯周灶为陇西将军，东阳侯张相如为大将军，成侯董赤为前将军，大发车骑往击胡。单于留塞内月余乃去，汉逐出塞即还，不能有所杀。匈奴日以骄，岁入边，杀略人民畜产甚多，云中、辽东最甚，至代郡杀万余人。汉患之，乃遣使遗匈奴书。单于亦使当户报谢，复言和亲事。……后四岁，老上稽粥单于死，子军臣单于既立，孝文皇帝复与匈奴和亲。而中行说复事之。军臣单于立四岁，匈奴复绝和亲，大入

上郡、云中各三万骑，所杀略甚众而去。于是汉使三将军军屯北地，代屯句注，赵屯飞狐口，缘边亦各坚守以备胡寇。又置三将军，军长安西细柳、渭北棘门、霸上以备胡。胡骑入代句注边，烽火通于甘泉、长安。数月，汉兵至边，匈奴亦去远塞，汉兵亦罢。后岁余，孝文帝崩，孝景帝立，而赵王遂乃阴使人于匈奴。吴、楚反，欲与赵合谋入边。汉围破赵，匈奴亦止。自是之后，孝景帝复与匈奴和亲，通关市，给遗匈奴，使公主，如故约。终孝景时，时小入盗边，无大寇。

文景之世，匈奴寇边，汉始终以和亲为事，入寇则备边而已。朝之旧臣则以和亲为便，新进少年如贾谊者，乃发愤上书曰：

凡天子者，天下之首，何也？上也。蛮夷者，天下之足，何也？下也。今匈奴嫚侮侵掠，至不敬也，为天下患，至亡已也，而汉岁致金絮采缯以奉之。夷狄征令，是主上之操也；天子共贡，是臣下之礼也。足反居上，首顾居下，倒县如此，莫之能解，犹为国有人乎？非亶倒县而已，又类辟，且病痱。夫辟者一面病，痱者一方痛。今西边北边之郡，虽有长爵，不轻得复，五尺以上，不轻得息，斥候望烽燧不得卧，将吏被介胄而睡，臣故曰一方病矣。医能治之，而上不使，可为流涕者也。

《新书·匈奴篇》载其三表五饵之术，虽疏阔，其为大汉伐匈奴之先声，不可诬也。晁错亦上疏言兵事，复言守边备塞劝农立本。晁错上疏云：

陛下幸忧边境，遣将吏发卒以治塞，甚大惠也。然令远方之卒守塞，一岁而更，不知胡人之能，不如选常居者，家室田作，且以备之。以便为之高城深堑，具蔺石，布渠答，复为一城其内，城间百五十步。要害之处，通川之道，调立城邑，毋下千家，为中周虎落。先为室屋，具田器，乃募罪人及免徙复作令居之；不足，募以丁奴婢赎罪及输奴婢欲以拜爵者；不足，乃募民之欲往者。皆赐高爵，复其家。予冬夏衣，廪食，能自给而止。郡县之民得买其爵，以自增至卿。其亡夫若妻者，县官买予之。人情非有匹敌，不能久安其处。塞下之民，禄利不厚，不可使久居危难之地。胡人入驱而能止其所驱者，以其半予之，县官为赎其民。如是，则邑里相救助，赴胡不避死。非以德上也，欲全亲戚而利其财也，此与东方之戍卒不习地势而心畏胡者，功相万也。

文帝从其言，募民徙塞下。错又上书言：“入粟实边以拜爵劝农。”文帝复从其言，令民入粟实边，六百石爵上造，稍增至四千石为五大夫，万二千石为大庶长，各以多少级数为差。汉廷有边备，晁错之谋也。《汉书·匈奴传赞》曰：

文帝中年，赫然发愤，遂躬戎服，亲御鞍马，从六郡良家材力之士，驰射上林，讲习战陈，聚天下精兵，军于广武，顾问冯唐，与论将帅，喟然叹息，思古明臣。

汉之备御匈奴，亦文帝植其基础，然后景帝时匈奴始不为大寇，至武帝遂挞伐匈奴也。

文帝之庶政则以重农为大，《食货志》谓上感贾谊言而开籍田。贾谊之言曰：

汉之为汉几四十年矣，公私之积，犹可哀痛。失时不雨，民且狼顾；岁恶不入，请卖爵子，既耳闻矣。

晁错对策亦言：

文帝临治天下，至今十六年，民不益富，盗贼不衰，边竟未安。

文帝初年之现象如此，其末年家给人足顾不如史家所称之富庶，亦小康之世也。贾谊言："使末技游食之民转而缘南亩。"晁错言："入粟拜爵，皆在贵农而贱商。"然汉代接秦之后，土地私有，文帝虽恭俭节用以减免田租，（文帝二年，赐天下民今年田租之半。十二年，诏赐农民今年田租之半，民赋四十。）而农民未必能受其赐。荀悦《汉纪》论之曰：

官收百一之税，民收大半之赋，官家之惠优于三代，豪强之暴酷于亡秦。

此汉代恩不逮民之敝也。二为省刑。即位之年尽除收帑相坐律令，二年除诽谤妖言罪，十三年除肉刑，于从济北、淮南反者亦赦之，赦诸与兴居反者，官吏且特保护之。七年令列侯太夫人诸侯王子及吏二千石无得擅征捕，此文帝用刑之宽也。三为集郡县兵权于中央。二年初与郡守为铜虎符、竹节符，汉代郡守不得擅发兵由此始。四为立教化之官。十二年以户口率置三老孝悌力田常员，令各率其意以导民，三老力田孝悌之官自此始为定制。五为开求言制度。二年举孝廉六正言者，由是贤良方正之士得以议论国政。其敝政莫过于除盗铸钱令，贾谊已深论之，幸邓通而罪魏尚、季布，则刘向所谓小疵耳。文帝至明而以柔道行之，恭俭节用以化天下，赵翼谓汉诏令多惧辞，而文帝尤多，邹阳上吴王书谓其寒心销志，未明求衣，真可谓勤民之主矣。

晁错上书言：“人主所以尊显功名扬于万世者，以知术数故也。”文帝善之，拜错为太子家令，以其辩得幸太子，太子家强曰“智囊”，爰盎等多不好错。景帝即位，以错为内史，错数请间言事，辄听，幸倾九卿，法令多所更正。申屠嘉至欲置之死地，赖景帝保全之，爰盎卒因七国之事陷害之。先是，其父曰：“尉氏安矣，而晁氏危。”岂不信欤？景帝之才仅得为中主，以承文帝之后，人民乐业，边备已修，诸侯已不如文帝时之强，所处较文帝为易。《汉书·景帝赞》曰：

> 至于孝文，加之以恭俭，孝景遵业，五六十载之间，至于移风易俗，黎民醇厚。周云成康，汉云文景，美矣！

景帝在位，天下少变，惟三年吴王濞、胶西王卬、楚王戎、赵王遂、济南王辟光、菑川王贤、胶东王雄渠反，遣太尉周亚夫、大将军窦婴击平之，史家谓之“七国之乱”。吴为主谋，其臣邹阳、枚乘之属已知其必败，当时之形势，汉强而诸侯弱，不似文帝初年也。景帝时政治可得而言者：一曰听民得移徙。元年诏曰：“间者岁比不登，民多乏食，夭绝天年，朕甚痛之。郡国或硗狭，无所农桑系畜；或地饶广，荐草莽，水泉利，而不得徙。其议民欲徙宽大地者，听之。”二曰定傅年。二年令天下男子二十而傅。三曰令田半租。文帝十三年除田租，故景帝元年令田半租，此汉家三十税一之制也。四曰定铸钱伪黄金弃市律。此在中六年，以文帝除盗钱令也。五曰更官制。中二年更郡守为太守，郡尉为都尉。中六年改诸官名，加大长秋将作大匠之类是也。六曰抑损诸侯官。（见前。）七曰禁官吏渔夺。后二年诏曰：“吏以货赂为市，渔夺百姓，侵牟万民。县丞，长吏也，奸法与盗盗，甚无谓也。”八曰重官仪。中六年诏曰：“亡度者或不吏服，出入闾里，与民亡异。令长吏二千石车朱两轓，千石至六百石朱左轓。车骑从者不称其官衣服，下吏出入闾巷亡吏体者，二千石上其官属，三辅举不如法令者，皆上丞相御史请之。”九曰减入官之赀。后二年诏曰：“今訾算十以上乃得宦，廉士算不必众。有市籍不得宦，无訾又不得官，朕甚愍之。訾算四得宦，亡令廉士久失职，贪夫长利。”十曰贱货贵粟。后三年诏曰：“黄金珠玉，饥不可食，寒不可衣，以为币用，不识其终始。吏发民若取庸采黄金珠玉者，坐臧为盗。”十一曰禁马出关。中四年御史大夫绾奏禁马高五尺九寸以上齿未平者不得出关，以充苑马而备发匈奴。十二曰改刑法。中二年改磔曰“弃市”，中六年诏有司减笞法，定箠令。十三曰慎刑狱。后元年诏曰：“狱疑者谳有司。有司所不能决，移廷尉。有令谳而后不当，谳者不为失。”中五年诏曰：“吏或不奉法令，以货赂为市，朋党比周，以苛为察，以刻为明，令亡罪者失职，朕甚怜之。有罪者不伏罪，奸法为暴，甚亡谓也。诸狱疑，若虽文致于法，而于人心不厌者，辄谳之。”凡此皆有关实政，而尤兢兢于安养人民，整饬吏治，矜恤刑狱。景帝之于文帝，亦犹清雍正朝之吏治优于康熙朝乎？

六　武帝

景帝时令诸侯王不得复治国，天子为置吏，虽据地而王，但衣食租税，故淮南谋反必先图相一千石（内史），以其时王国之权在天子所置之相与二千石也。武帝元朔二年诏曰：

> 梁王、城阳王亲慈同生，愿以邑分弟，其许之。诸侯王请与子弟邑者，朕将亲览，使有列位焉。

于是藩国始分而子弟必侯矣。元鼎五年，列侯坐献黄金酎祭宗庙不如法夺爵者百六人，如淳注引《汉仪注》：

> 王子为侯，侯岁以户口酎黄金于汉庙，皇帝临受献金以助祭。大祀日饮酎受金，金少不如斤两，色恶，王削县，侯免国。

《续汉书·礼仪志》注引丁孚《汉仪》，谓酎金律文帝所加，文帝恭俭节用，且令诸侯无入贡，殆不然。（高祖时，令诸侯王通侯常以十月朝献，及郡各以口率，人岁六十三钱以给献费。汉初之制，未闻有酎金也。）诸侯坐酎金失侯，皆在武帝以后，此当为武帝遇诸侯之苛法。故《王子侯表序》云：“孝元之世，无王子侯者也。”封建废而复活，至武帝世封建之势力始尽，大一统之局告成，于是武帝于元封五年初置刺史部十三州也。而徭役变为更赋，田租折钱，秦民之所患苦贾谊引以为戒者，至是而处之得其道焉。（更赋与田租折钱皆西汉末年之事，但不详其所始，说见后。）

武帝建元元年罢苑马以赐贫民，景帝之造此，盖以备伐匈奴，武帝元年即罢之，其无意于用兵可知。建元三年闽越围东瓯，东瓯告急，遣中大夫严助持节发会稽兵浮海救之，《严助传》云：

> 建元三年，闽越举兵围东瓯，东瓯告急于汉。时武帝年未二十，以问太尉田蚡。蚡以为越人相击，其常事，又数反覆，不足烦中国往救也，自秦时弃不属。于是助诘蚡曰：“特患力不能救，德不能覆，诚能，何故弃之？且秦举咸阳而弃之，何但越也！今小国以穷困来告急，天子不振，尚安所诉，又何以子万国乎？”上曰：“太尉不足与计。吾新即位，不欲出虎符发兵郡国。”乃遣助以节发兵会稽。

汉武号为穷兵黩武之主，其初亦不欲用兵，严助之言，有君临万国气象，故武帝为之动，诚非好战以侵略为事也。元光二年诏问公卿曰："朕饰子女以配单于，金币文绣，赂之甚厚，单于待命加嫚，侵盗亡已。边境数惊，朕甚闵之。今欲举兵攻之，如何？"大行王恢建议宜击，曰：

> 臣闻全代之时，北有强胡之敌，内连中国之兵，然尚得养老长幼，种树以时，仓廪常实，匈奴不轻侵也。今以陛下之威，海内为一，天下同任，又遣子弟乘边守塞，转粟挽输，以为之备，然匈奴侵盗不已者，无它，以不恐之故耳。

又曰：

> 臣闻五帝不相袭礼，三王不相复乐，非故相反也，各因世宜也。且高帝身被坚持锐，蒙雾露，沐霜雪，行几十年，所以不报平城之怨者，非力不能，所以休天下之心也。今边境数惊，士卒伤死，中国槥车相望，此仁人之所隐也，臣故曰击之便。

观王恢之言，亦在于复汉家数十年之仇以安边境，此汉家数十年之休息而欲愤发于此时者也。扬雄上疏曰：

> 孝武即位，设马邑之权，欲诱匈奴，使韩安国将三十万众徼于便地，匈奴觉之而去，徒费财劳师，一虏不可得见，况单于之面乎！其后深惟社稷之计，规恢万载之策，乃大兴

师数十万，使卫青、霍去病操兵，前后十余年。于是浮西河，绝大幕，破寘颜，袭王廷，穷极其地，追奔逐北，封狼居胥山，禅于姑衍，以临瀚海，虏名王贵人以百数。自是之后，匈奴震怖，益求和亲，然而未肯称臣也。且夫前世岂乐倾无量之费，役无罪之人，快心于狼望之北哉？以为不一劳者不久佚，不暂费者不永宁，是以忍百万之师以摧饿虎之喙，运府库之财填卢山之壑而不悔也。

是武帝之伐匈奴，非好战也，不得已焉。《通鉴》汉武谓卫青曰：

汉家庶事草创，加四夷侵略中国。朕不变更制度，后世无法；不出师征伐，天下不安。为此者不得不劳民，若后世又如朕所为，是袭亡秦之迹也。

武帝内事兴作，外击四夷，皆当世不得不然之事，劳民伤财，武帝亦自知之。司马迁当创痛之世，于武帝所为无不訾毁，其称誉黄老之治，即所以寄其刺今之怀，《史记》于四夷传论皆有贬辞。班固之世去武帝已远，是非已明，虽以用兵为戒，而于匈奴则否，此扬雄所谓北狄未灭，中国不得高枕安寝者也。

当武帝时，董仲舒、韩安国、公孙弘皆不主用兵。王恢与韩安国辩，朱买臣与公孙弘辩，此盖服膺于儒家重文德而不尚武功之教最深。故虽以匈奴之侵汉，犹不欲大举深入，中国历史无不以用兵为大戒，其国性然欤？汉武既内弱诸侯而完成统一，外又开疆置郡：北边则元朔二年开河南地置朔方、五原郡，元狩二年置武威、酒泉郡；（元鼎六年分武威、酒泉，置张掖、敦煌郡。）东边则元封三年置乐浪、临屯、玄菟、真番郡；南边则元鼎六年置南海、苍梧、郁林、合浦、交阯、九真、日南、珠崖、儋耳郡；西南则元鼎六年置武都、牂柯、越嶲、沈黎、文山郡，元封二年置益州郡。又徙民以实新立之郡。元朔二年募民徙朔方十万口，元狩五年徙天下奸滑吏民于边。南方则修道路以利交通。元光五年发巴蜀治南夷道。北方则筑长城设险以御胡寇。元光五年发卒万人治雁门阻险。元朔三年城朔方城。太初三年遣光禄勋徐自为筑五原塞外列城，西北至卢朐，游击将军韩说将兵屯之，强弩都尉路博德筑居延。《匈奴传》侯应对曰：

> 周秦以来，匈奴暴桀，寇侵边境。汉兴，尤被其害。臣闻北边塞至辽东，外有阴山，东西千余里，草木茂盛，多禽兽，本冒顿单于依阻其中，治作弓矢，来则为寇，是其苑囿也。至孝武世，出师征伐，斥夺其地，攘之于幕北。建塞徼，起亭隧，筑外城，设屯戍守之，然后边境得少安。（此其效也。）

于是汉之疆域为前古所未有。武帝既用兵四夷，诸将多封侯，《食货志》谓军功多用超等，大者封侯，《景武昭宣元成功臣表序》谓“武兴胡越之伐，将帅受爵”，班氏于《西南两越朝鲜传赞》则讥为“好事之臣”，此中国历史所以内安而武力不竞也。

《贾谊传》言谊以为汉兴二十余年，天下和洽，宜当改正朔，易服色制度，定官名，兴礼乐，乃草具其仪法，色上黄，数用五，为官名，悉更奏之，文帝谦让未皇也。盖汉兴大臣皆出军吏，惩于秦之扰民而亡，一切矫之以无为，汉家制度，大体皆袭秦旧，秦之制度率本于法家思想，与儒学违异。至文帝时，天下粗安，故贾谊欲改制度。改制与更化虽是两事，实相连贯。改制之实在于更化，更化者以儒家之礼义教化变秦人强悍贪利之俗。贾谊《陈政事疏》曰：

> 商君遗礼义，弃仁恩，并心于进取，行之二岁，秦俗日败。故秦人家富子壮则出分，家贫子壮则出赘。借父耰鉏，虑有德色；母取箕帚，立而谇语。抱哺其子，与公并倨；妇姑不相说，则反唇而相稽。其慈子耆利，不同于禽兽者亡几耳。然并心而赴时，犹曰蹶六国，兼天下。功成求得矣，终不知反廉愧之节，仁义之厚。信兼并之法，遂进取之业，天下大败。众掩寡，智欺愚，勇威怯，壮陵衰，其乱至矣！是以大贤起之，威震海内，德从天下。曩之为秦者，今转而为汉矣。然其遗风余俗，犹尚未改。今世以侈靡相竞，而上亡

制度，弃礼谊，捐廉耻，日甚，可谓月异而岁不同矣。逐利不耳，虑非顾行也。今其甚者杀父兄矣！盗者剟寝户之帘，搴两庙之器，白昼大都之中，剽吏而夺之金。矫伪者出几十万石粟，赋六百余万钱，乘传而行郡国，此其亡行谊之尤至者也。而大臣特以簿书不报，期会之间，以为大故。至于俗流失，世坏败，因恬而不知怪，虑不动于耳目，以为是适然耳。夫移风易俗，使天下回心而乡道，类非俗吏之所能为也。俗吏之所务，在于刀笔筐箧而不知大体。陛下又不自忧，窃为陛下惜之。

贾谊之所深痛于亡秦之败俗，而欲以儒道化之。（秦之礼俗详见蒙师文通《秦之社会》。）文景两代皆未暇及此，武帝即位，董仲舒对策又复言之，（《汉书》以对策为元光元年五月，《通鉴考异》发其疑，沈钦韩以为当在建元元年。）曰：

今陛下贵为天子，富有四海，居得致之位，操可致之势，又有能致之资，行高而恩厚，知明而意美，爱民而好士，可谓谊主矣。然而天地未应而美祥莫致者，何也？凡以教化不立而万民不正也。夫万民之从利也，如水之走下，不以教化堤防之，不能止也。是故教化立而奸邪皆止者，其堤防完也；教化废而奸邪并出刑罚不能胜者，其堤防坏也。古之王者明于此，是故南面而治天下，莫不以教化为大务。立太学以教于国，设庠序以化于邑，渐民以仁，摩民以谊，节民以礼，故其刑罚甚轻而禁不犯者，教化行而习俗美也。圣王之继乱世也，扫除其迹而悉去之，复修教化而崇起之。教化已明，习俗已成，子孙循之，行五六百岁尚未败也。至周之末世，大为无道，以失天下。秦继其后，独不能改，又益甚之，重禁文学，不得挟书，弃捐礼义而恶闻之，其心欲尽灭先王之道，而颛为自恣苟简之治，故立为天子十四岁而国破亡矣。自古以来，未尝以乱济乱，大败天下之民如秦者也。其遗毒余烈，至今未灭，使习俗恶薄，人民嚣顽，抵冒殊扞，孰烂如此之甚者也。孔子曰："腐朽之木不可雕也，粪土之墙不可圬也。"今汉继秦之后，如朽木粪墙也，虽欲善治之，亡可奈何！法出而奸生，令下而诈起，如以汤止沸，抱薪救火，愈甚亡益也。窃譬之琴瑟不调，甚者必解而更张之，乃可鼓也；为政而不行，甚者必变而更化之，乃可理也。当更张而不更张，虽有良工不能善调也；当更化而不更化，虽有大贤不能善治也。故汉得天下以来，常欲善治而不可善治者，失之于当更化而不更化也。

贾谊言改制，董生言更化，皆以儒家政治代替法家政治。贾谊当文帝世，外忧内患方殷，又诸大臣皆相安于无为，故其言不能见之行事。武帝时代汉初清静无为之风气已成过去，而董生适遇其时，此为之于可为之时也。仲舒在汉武朝建树之大者，约有数端，而限民名田不与焉。（汉代立武帝以前，社会经济政策在贱商贵农，武帝以后始转而注意田宅，限民名田之学说，影响于后世大，于当时则小。）一曰立学校。学校为教化之原，不兴学校，则教化无本，故仲舒对策以兴学为急务。建元元年置五经博士，元朔四年为博士置弟子员。（无弟子员，则博士为政府所养学术之官，非教师，武帝以前之博士，其性质与武帝以后不同者，一有弟子，一无弟子也。）《文翁传》云：“至武帝时，始令郡国皆立学校官。”此汉代官立学校之始也。二曰取士不用百家言。汉初治黄老申商刑名者尚不乏人，汉廷既设学校以隆教化，其所教者则尊崇孔氏，抑黜百家，若取士异学杂进，则非所以一道同风也。建元元年丞相绾奏：“所举贤良或治申、商、韩非、苏秦、张仪之言，乱国政，请皆罢。”奏可。仲舒对策云：

> 《春秋》大一统者，天地之常经，古今之通谊也。今师异道，人异论，百家殊方，指意不同，是以上无以持一统；法制数变，下不知所守。臣愚以为诸不在六艺之科孔子之术者，皆绝其道，勿使并进。邪辟之说灭息，然后统纪可一而法度可明，民知所从也。（《仲舒本传》以罢黜百家发之于仲舒，卫绾之奏以仲舒发其义也。）

三曰举茂才孝廉。秦代以登进人才之道不立，豪杰无所进身，起而亡秦。汉初用人之道，姚姬传《惜抱轩笔记》以为大抵郎侍及仕州郡卿府、辟召三途，吾意此三者其大较耳。若汉初之军功及游说上书荫子，皆为入仕之途。高帝下求贤诏，文帝诏举贤良方正直言之士，乃一时特举，未为常科定制。故仲舒对策云：

> 夫长吏多出于郎中、中郎，吏二千石子弟。选郎吏，又以富訾，未必贤也。臣愚以为使诸列侯、郡守二千石各择其吏民之贤者，岁贡各二人以给宿卫，且以观大臣之能。

故武帝开州举茂才、郡举孝廉之科，岁以为常。《武帝本纪》元光元年初令郡国岁举孝廉各一人，《宋书·百官志》元封四年令刺史岁举茂才，故《仲舒本传》云：

> 自武帝初立，魏其、武安侯为相而隆儒矣。及仲舒对册，推明孔氏，抑黜百家。立学校之官，州郡举茂才、孝廉，皆自仲舒发之。

此皆武帝采用董生之说而施之行事者也。自秦废封建以来，贵族政治遂绝于中国者。（惟异族入主与南朝为特殊现象，然亦非贵族政治，而为平民与贵族混合之政治。）汉武采董生之言，而行选举制度，以去其贵贱阶级。武帝以前抑制商人，武帝以后以限田防制地主，仲舒对策又畅发士大夫不与民争利之学说，故中国社会贫富不至悬绝。立学校崇儒术以为教化之原，故中国思想一以儒学为宗，而以人伦风化为重。此皆于武帝时植其基础，故谓中国大一统之政治完成于汉武，非虚言也。又大一统之政治，必有尊君之学说而后可以维持天下而不至离叛，则《春秋》大一统之义也。《春秋》尊王而重民，上下相顾，不似法家无限制之尊君，董仲舒、公孙弘皆以明《春秋》显于汉武之世，经学在汉代《春秋》独重，汉人以《春秋》为汉制作，以《春秋》决狱，夫岂偶然之事乎？

《食货志》谓景帝宫室列馆车马益增修，是景帝时代已略异于汉初，武帝承文景休息之后，天下富饶，遂大改作，其势然矣。武帝即位，窦婴为相，田蚡为太尉，两人皆喜宾客，俱好儒术，推毂赵绾为御史大夫，王臧为郎中令，迎鲁申公，欲设立明堂以兴太平，为窦太后所阻，乃罢逐赵绾、王臧，而免丞相婴、太尉蚡。窦太后之好黄老而轻儒术，为汉初政治思想之余烬。窦太后死，而汉廷政治遂大变。顾战国以来，儒家即颇采阴阳之言，秦汉之际，儒术与阴阳方士杂流竟相比附，皆所以反对法家政治。《郊祀志》言，武帝初即位，尤敬鬼神之祀，汉兴已六十余岁，天下乂安，缙绅之属皆望天子封禅改制度也，此可以见汉初学者对此之殷望。封禅、明堂本极寻常之事，封禅者古代祭天地之祀典，明堂者朝诸侯所在，而汉人言封禅、明堂则怪异。凡言鬼神者，方士之言；言服色者，阴阳之言。以封禅明禅让、以明堂言议政者，儒者之言。（蒙师文通《先秦政治思想之发展》中言封禅、明堂义如此。）三者合而为一，故郊祀之事与礼乐之事几于相混。秦皇虽坑儒生，而阴阳、方士大显，汉初其迹不绝，文帝时方士则新垣平，阴阳则公孙臣，儒者则贾谊，皆未得志。故至武帝之世，不仅董仲舒之儒术显，而阴阳、方士亦喧赫一时，非无故也。

武帝太初元年，正历以正月为岁首，色上黄，数用五，定官名，协音律，而《礼乐志》则云武帝征讨四夷，锐志武功，不暇留意礼文之事，明不以太初改制为兴礼乐也。武帝虽未制作礼乐，而于以礼让为国，未尝忽也。建元元年诏曰：

古之立教，乡里以齿，朝廷以爵，扶世导民，莫善于德。然则于乡里先耆艾，奉高年，古之道也。今天下孝子顺孙，愿自竭尽，以承其亲，外迫公事，内乏资财，是以孝心阙焉，朕甚哀之。民年九十以上，已有受鬻法，为复子若孙，令得身帅妻妾，遂其供养之事。

元朔元年诏曰：

公卿大夫，所使总方略、壹统类、广教化、美风俗也。夫本仁祖义，褒德禄贤，劝善刑暴，五帝三王所由昌也。朕夙兴夜寐，嘉与宇内之士臻于斯路。故旅耆老，复孝敬，选豪俊，讲文学，稽参政事，祈进民心，深诏执事，兴廉举孝，庶几成风，绍休圣绪。

元朔五年诏曰：

盖闻导民以礼，风之以乐。今礼坏乐崩，朕甚愍焉。故详延天下方正博闻之士，咸登诸朝。其令礼官劝学，讲议洽闻，举遗兴礼，以为天下先。太常议与博士弟子，崇乡党之化，以厉贤才焉。

元狩元年诏曰：

朕始嘉孝弟力田，哀夫老眊孤寡鳏独，或匮于衣食，甚怜愍焉，其遣谒者巡行天下，存问致赐。

元狩六年诏曰：

今遣博士大等六人，分循行天下，存问鳏寡废疾，无以自振业者贷与之。谕三老孝弟，以为民师。举独行之君子，征诣行在所。

凡此皆兢兢于礼让风教之事也。败坏风化者莫过于豪猾，汉初文网疏阔，豪猾容易滋长。景帝时郅都、宁成之属，辄诛大姓。武帝以义纵为右内史，王温舒为中尉，皆以诛戮著名，虽不免于滥刑，而六国以来之豪族，经汉初之姑息，非此不足以惩治之耳。六条诏书所以察强宗豪右。元狩六年诏书亦云："奸猾为害，野荒治苛者，举奏。"元狩三年发谪吏穿昆明池。元狩五年徙大奸猾吏民于边。（郡县吏皆本地人，奸猾吏即民之奸猾。）景武以来之政治所以施惠人民与惩治豪猾，皆较文帝时为多焉。

武帝既外事四夷，开地置郡，内求神仙，兴作宫观，财用不赡，县官大空，乃用贾人子桑弘羊、大盐东郭咸阳、大冶孔仅三人治财用。一曰置盐铁官。汉初盐铁在少府，武帝以属大农，置盐铁官，所以整理盐铁税收。（郡国置盐铁官。）昭帝时罢，后复置，盐铁与田赋遂为西汉国用之大源。二曰平准均输。均输以通货物，平准以平物价，王莽之五均六管，与此相似，有平准均输则商人无所得利。三曰改币制。秦币为二等，黄金为镒，铜钱用半两钱，汉兴铸荚钱，高后二年行八铢钱，六年行五分钱，文帝五年更铸四铢钱，除盗铸钱令，吴王、邓通之钱遍天下，景帝始定铸钱弃市律。武帝初行三铢钱，后易为半两钱、五铢钱、官赤仄。自武帝至平帝，皆用五铢，王莽居摄，始变乱币制。光武中兴，复行五铢钱，灵帝时铸四出文钱，献帝时铸小钱。两汉币制以用五铢为最久。其得利最大者，则以白鹿皮为币，直四十万，王侯宗室朝觐，必以皮币荐璧。又造白金三品，其文龙者直三千，其文马者直五百，其文龟者直三百。四曰杂税。诸贾人末作各以其物自占，率缗钱二千而一算，诸作有租及铸率缗钱四千一算，非吏比者三老北边骑士轻车以一算。商贾轺车二算，船五丈以上一算。商品车船之外，又有酒榷关税。故民不加赋而国用益饶。汉兴以来，海内为一统，开关梁，弛山泽之禁，商贾益得滋盛，大者倾郡，中者倾县，下者倾乡里，不可胜数。千金之家比一都之君，巨万者乃与王侯同乐，滞财役贫，封君皆低首仰给，而不佐国家之急。故武帝之治财利，不仅以足国用，亦以去社会蠹害。犯害者众，吏不能尽诛，于是遣博士褚大、徐偃等分行郡国，举兼并之徒守相为利者，公孙弘以《春秋》之义绳臣下，张汤以峻文决理为廷尉，臧宣、杜周等为中丞，义纵、尹齐、王温舒等用急刻为九卿，皆一反汉初之政治。汉初以宽而武帝以严，汉初以静而武帝以动。董仲舒之学术，张汤之文法，卫、霍之武功，桑、孔之财利，皆所以完成武帝之政治，而与汉初之政治相反。此乃时代转变中应有之事，论史者不详其终始，辄以扰民病之，过甚也哉！

七　霍光

武帝好神仙方士，诸神巫多聚于京师，左道惑众，变幻无所不为，女巫往来宫中，教美人度厄，每屋辄埋木人祭祀之，因妒忌恚詈，更相告讦。武帝居建章宫，见一男子带剑入中龙华门，疑其异人，命收之。男子捐剑走，逐之弗获。上怒，斩门候，发三辅骑士大搜上林门、长安城门，索十一日乃解。丞相公孙贺子敬声擅用北军钱千九百万，贺请捕大侠朱安世以自赎，安世遂从狱中上书告敬声与杨石公主私通，及使人巫祭祠诅上，且上甘泉当驰道埋偶人，巫蛊事遂起。江充得罪于赵，亡入关，得幸于武帝，与太子有隙。江充等掘蛊太子宫，太子与皇后谋斩充，以节发兵，与丞相刘屈氂大战长安，死者数万人，太子自杀于湖。壶关三老及车千秋颂太子冤，武帝乃作思子宫，为归来望思之台于湖。武帝后元年二月立少子弗陵为皇太子，其月武帝崩于五柞宫，太子即位，是为昭帝。侍中奉车都尉霍光为大司马大将军，金日磾为车骑将军，太仆上官桀为左将军，搜粟都尉桑弘羊为御史大夫，皆拜卧内床下。（此据《霍光传》所言辅政之人，《车千秋传》谓千秋亦预其列，《本纪》惟书霍光，余人皆省。）自汉初以来政事皆在丞相，政事一决于霍光，未必为武帝之意。《车千秋传》云：

> 拜大将军霍光、车骑将军金日磾、御史大夫桑弘羊及丞相千秋，并受遗诏，辅道少主。武帝崩，昭帝初即位，未任听政，政事一决大将军光。千秋居丞相位，谨厚有重德。每公卿朝会，光谓千秋曰："始与君侯俱受先帝遗诏，今光治内，君侯治外，宜有以教督，使光毋负天下。"千秋曰："唯将军留意，天下幸甚。"终不肯有所言。光以此重之。

汉初以丞相总国政，霍光所谓治内者，谓宫中事，治外者谓国家事。若霍光专治内，何谓政事一决于光？盖霍光虽专权，以汉初权在丞相，犹不敢不以国事阳属之丞相。武帝遗诏原无霍光领尚书事之文，昭帝即位，大将军光秉政，领尚书，车骑将军金日磾、左将军上官桀副焉。是霍光自领之也，而同受遗诏之车千秋、桑弘羊皆不与，以车千秋、桑弘羊以丞相、御史预政，而上官桀、金日磾则光之姻戚故也。《霍光传》云：

> 帝年八岁，政事一决于光。先是，后元年，侍中仆射

莽何罗与弟重合侯通谋为逆，时光与金日磾、上官桀等共诛之，功未录。武帝病，封玺书曰："帝崩发书以行事。"遗诏封金日磾为秺侯，上官桀为安阳侯，光为博陆侯，皆以前捕反者功封。时卫尉王莽子男忽侍中，扬语曰："帝崩，忽常在左右，安得遗诏封三子事！群儿自相贵耳。"光闻之，切让王莽，莽鸩杀忽。

忽之言必可信，岂有武帝自为玺书封光等，必待其死后乃发封行之，是何理欤？光不敢责忽而让其父，其情可知。据《金日磾传》，诛莽何罗者乃日磾之功，与霍光、上官桀无关，而金日磾反不敢受封，其为霍光矫诏又可知也。（《本纪》书霍光、上官桀、金日磾三人讨之，此霍光、上官桀受封而更改史事也。）霍光在武帝时地位甚微，竟为辅政之人，已不可解，其专决政事，自领尚书，矫诏封侯，其为人何如，不待论而明。太子虽没，武帝何以不立广陵王、燕王？史家谓其多过失。既立童稚之子为太子，而必置其母于死地，史家谓忧母后专政，此皆难明之事。昭帝八岁即位，在位十三年，二十一而崩，十三年中他无表见，独有明霍光之诬一节，遂有聪慧之名，而此聪慧之人，年长便死，斯亦奇矣。

元凤元年，鄂邑长公主、燕王旦与左将军上官桀、桀子票骑将军安、御史大夫桑弘羊谋反伏诛，霍光乃用张安世、杜延年为之辅。《张安世传》云：

> 昭帝即位，大将军霍光秉政，以安世笃行，光亲重之。会左将军上官桀父子及御史大夫桑弘羊皆与燕王、盖主谋反诛，光以朝无旧臣，白用安世为右将军光禄勋，以自副焉。

《杜延年传》云：

> 左将军上官桀父子与盖主、燕王谋为逆乱，假稻田使者燕仓知其谋，以告大司农杨敞，敞惶惧，移病，以语延年。延年以闻，桀等伏辜。延年封为建平侯。延年本大将军霍光吏，首发大奸，有忠节，由是擢为太仆右曹给事中。

车千秋既避事不敢与霍光抗，金日磾辅政年余而崩，上官桀与霍光争权有隙，乃结桑弘羊、燕王、盖主以谋光，使其计得逞，当废昭帝而立燕王，其势必致于此。光本与上官桀联姻，相结以持汉权，其后以争权而败。《霍光传》云：

> 光与左将军桀结婚相亲，光长女为桀子安妻。有女年与帝相配，桀因帝姊鄂邑盖主内安女后宫为婕妤，数月立为皇后。父安为票骑将军，封桑乐侯。光时休沐出，桀辄入代光决事。桀父子既尊盛，而德长公主。

《霍光传》言光与上官桀、桑弘羊、盖主交恶之事，未必可信，其为争权相倾，则事实也。自昭帝时，光子禹及兄孙云皆中郎将，云弟山奉车都尉侍中领胡越兵，光两女婿为东西宫卫尉，昆弟、诸婿、外孙皆奉朝请为诸大夫骑都尉给事中，亲党连体，根据于朝廷，无怪上官桀、桑弘羊不能敌之也。昭帝初年之丞相为车千秋，本传称其为人敦厚有志，观其一切听命霍光，则其为人为明于利害者，霍光亦以此重之，每有吉祥嘉应，数褒赏丞相，千秋卒得其利。继千秋为相者为王䜣，王䜣之后者为杨敞、蔡义。杨敞、蔡义皆出霍光幕府，《杨敞传》谓敞素谨畏。（上官桀事不敢发，废昌邑事由其夫人与延年参语。）《蔡义传》谓义短小无须眉，貌似老妪，或言光置丞相不选贤，苟用可专制者。《杜延年传》云：

治燕王狱时，御史大夫桑弘羊子迁亡，过父故吏侯史吴。后迁捕得，伏法。会赦，侯史吴自出系狱，廷尉王平与少府徐仁杂治反事，皆以为桑迁坐父谋反而侯史吴臧之，非匿反者，乃匿为随者也，即以赦令除吴罪。后侍御史治实，以桑迁通经术，知父谋反而不谏争，与反者身无异。侯史吴故三百石吏，首匿迁，不与庶人匿随从者等，吴不得赦。奏请覆治，劾廷尉、少府纵反者。少府徐仁即丞相车千秋女婿也，故千秋数为侯史吴言。恐光不听，千秋即召中二千石、博士会公车门，议问吴法。议者知大将军指，皆执吴为不道。明日，千秋封上众议，光于是以千秋擅召中二千石以下，外内异言，遂下廷尉平、少府仁狱。朝廷皆恐丞相坐之。延年乃奏记光争。

《车千秋传》谓为丞相十二岁薨，则千秋之卒在始元四年，与《百官表》合。千秋之后为王䜣，王䜣为相年余而薨，上官桀、桑弘羊之事在王䜣时，岂以徐仁为车千秋婿，遂以徐仁之事而及千秋乎？然霍光之专制自恣，亦可见也。

昭帝崩亡嗣，群臣议所立，武帝六男独有广陵王胥在，王本以行失道，先帝所不用，光内不自安。郎有上书言周太王废太伯立王季，文王舍伯邑考立武王，唯在所宜，乃立昌邑王贺，武帝孙昌邑哀王子也。昌邑淫乱，霍光遂用所亲故吏田延年计废之，群臣但惊鄂失色，不敢发言，但唯唯而已。旧史所记立昌邑王与废昌邑事略如此。然其事亦甚可疑。《霍光传》谓其受玺以来二十七日，使者旁午，持节诏诸官署征发凡千一百二十七事，则昌邑之罪状在其太有作为。昭帝在位十一年，政事一决大将军光，无所作为。则昌邑之废，谓之不秉命于霍光可也。《王吉传》王吉奏书戒昌邑王曰：

臣闻高宗谅闇，三年不言。今大王以丧事征，宜日夜哭泣悲哀而已，慎毋有所发。今帝崩无嗣，大将军惟思可以奉宗庙者，攀援而立大王，其仁厚岂有量哉！臣愿大王事之敬之，政事一听之，大王垂拱南面而已。

昌邑王之不宜有所举措，王吉已知之矣。昌邑群臣坐亡辅导之谊，陷王于恶，光悉诛杀二百余人，出死，号呼市中曰：“当断不断，反受其乱！”昌邑群臣疑亦谋诛霍光而未发耳。

武帝有曾孙在民间，戾太子之孙而史皇孙子也。生数月，遭巫蛊事，曾孙虽在襁褓，犹坐系郡邸狱。丙吉为廷尉监，治巫蛊于郡邸，怜皇曾孙之无辜，使女徒复作淮阳赵征卿、渭城胡组更乳养，私给衣食，视遇甚有恩。巫蛊事连岁不决，卒赖丙吉得全，因遭大赦，吉乃载皇曾孙送其祖母史良娣家，后有诏掖庭养亲，上属籍宗正。时掖庭令张贺尝事戾太子，累念旧恩，哀曾孙，奉养甚谨，以私钱供给教书。既壮，取暴室啬夫许广汉女，曾孙因依倚广汉兄弟及祖母家史氏。张贺者，张安世兄也。丙吉以大将军长史入为光禄大夫给事中，皇曾孙与杜延年中子佗相善，三人为霍光所信任，杜延年尤为腹心，故皇曾孙得立，是为宣帝。宣帝受《诗》于东海澓中翁，高材好学，然亦喜游侠斗鸡走马，具知闾里奸邪、吏治得失。史言宣帝始立，谒见高庙，大将军光从骖乘，宣帝内严惮之，若有芒刺在背；后车骑将军张安世代光骖乘，天子从容肆体，甚安近焉。《宣帝本纪》本始元年大将军光稽首归政，上谦让委任焉，似宣帝即位，霍光将还政于宣帝，宣帝不受，仍由霍光执政者，然其中经过则不如此。宣帝既非幼主，霍光自不当不归政，宣帝亦何必非委任霍光不可？又何必事事皆先白霍光然后奏御天子？又何必虚已敛容礼下之已甚？盖其中有不得不然者也。霍光既废昌邑王而立宣帝，乃以皇太后决政，不还政于天子，以久其权。宣帝乃有为之主，岂甘垂拱无为，遂自行其事。本始元年霍光归政以前之事，皆宣帝所为，而霍光所不愿，霍光之归政非善意也。宣帝之复委任霍光，乃宣帝之让步。《宣帝纪》于宣帝即位之年云："太后归长乐宫。"太后归长乐宫者，不使之听政而还宫也。《夏侯胜传》云：

> 废昌邑王，尊立宣帝。光以为群臣奏事东宫，太后省政，宜知经术，白令胜用《尚书》授太后。

是太后省政乃霍光之意，霍光之所以使太后省政者，不还政于宣帝，故知宣帝之使太后归长乐宫与霍光归政宣帝谦让委任，乃宣帝与霍光之斗争，而宣帝屈服焉。宣帝初年能与霍光相安于无事者，非张安世、杜延年等调和其间乎？

霍光以地节二年薨，宣帝始亲政，朝之大臣与霍光为敌者则为魏相。《霍光传》云：

> 显（霍光夫人）谓禹、云、山："女曹不务奉大将军余业，今大夫（魏相）给事中，他人一间，女能复自救耶？"后两家奴争道，霍氏奴入御史府，欲蹋大夫门，御史为叩头

谢，乃去。人以谓霍氏，显等始知忧。会魏大夫为丞相，数燕见言事。平恩侯（许广汉）与侍中金安上等径出入省中。时霍山自若领尚书，上令吏民得奏封事，不关尚书，群臣进见独往来，于是霍氏甚恶之。宣帝始立，立微时许妃为皇后。显爱少女成君，欲贵之，私使乳医淳于衍行毒药杀许后，因劝光内成君，代立为后。语在《外戚传》。始许后暴崩，吏捕诸医，劾衍侍疾亡状不道，下狱。吏簿问急，显恐事败，即具以实语光。光大惊，欲自发举，不忍，犹与。会奏上，因署衍勿论。光薨后，语稍泄。于是上始闻之而未察，乃徙光女婿度辽将军未央卫尉平陵侯范明友为光禄勋，次婿诸吏中郎将羽林监任胜出为安定太守。数月，复出光姊婿给事中光禄大夫张朔为蜀郡太守，群孙婿中郎将王汉为武威太守。顷之，复徙光长女婿长乐卫尉邓广汉为少府。更以禹为大司马，冠小冠，亡印绶，罢其右将军屯兵官属，特使禹官名与光俱大司马者。又收范明友度辽将军印绶，但为光禄勋。及光中女婿赵平为散骑骑都尉光禄大夫将屯兵，又收平骑都尉印绶。诸领胡越骑、羽林及两宫将屯兵，悉易以所亲信许、史子弟代之。禹为大司马，称病。禹故长史任宣候问，禹曰："我何病？县官非我家将军不得至是，今将军坟墓未干，尽外我家，反任许、史，夺我印绶，令人不省死。"宣见禹恨望深，乃谓曰："大将军时何可复行！持国权柄，杀生在手中。廷尉李种、王平、左冯翊贾胜胡及车丞相女婿少府徐仁皆坐逆将军意下狱死。使乐成小家子得幸将军，至九卿封侯。百官以下但事冯子都、王子方等，视丞相亡如也。各自有时，今许、史自天子骨肉，贵正宜耳。大司马欲用是怨望，愚以为不可。”禹默然。数日，起视事。显及禹、山、云自见日侵削，数相对啼泣，自怨。山曰：“今丞相用事，县官信之，尽变易大将军时法令，以公田赋与贫民，发扬大将军过失。又诸儒生多窭人子，远客饥寒，喜妄说狂言，不避忌讳，大将军常雠之。今陛下好与诸儒生语，人人自使书对事，多言我家者。尝有上书言大将军时主弱臣强，专制擅权，今其子孙用事，昆弟益骄恣，恐危宗庙，灾异数见，尽为是也。其言绝痛，山屏不奏其书。后上书者益黠，尽奏封事，辄下中书令出取之，不关尚书，益不信人。”显曰：“丞相数言我家，独无罪乎？”山曰：“丞相廉正，安得罪？我家昆弟诸婿多不谨。又闻民间欢言霍氏毒杀许皇后，宁有是耶？”显恐急，即具以实告山、云、禹。山、云、禹惊曰：“如是，何不早告禹等！县官离散斥逐诸婿，用是故也。此大事，诛罚不小，奈何？”于是始有邪谋矣。

此霍光死后宣帝亲政时之情形。霍光死后，霍山自领尚书，欲承继霍光时事，威祸自己，宣帝岂能忍之，故夺其政权与兵柄。霍光在时领尚书事，令上书者皆为二封，一上尚书，一上中书，如不利于己者，则不上中书。宣帝亲政，魏相乃因许、史白去副封以防壅蔽，又令中书出取文书，于是上书者皆不上尚书而直达中书，霍山虽自领尚书亦无用也。天子宫卫禁兵皆在霍光诸婿之手，故霍光可以诛杀上官桀、桑弘羊，废昌邑王，昭帝与初年之宣帝，皆唯命是听。霍光虽死，诸婿把持禁兵如故，宣帝所以能收回兵权，斥逐霍氏诸婿而代以许、史子弟，则用张安世故也。霍光死后，朝之大臣可分为三派：一为霍党，霍氏及霍氏诸婿是也。二为反霍党，魏相及许、史子弟是也。三为旧大臣霍光死后而不附霍氏者，张安世、杜延年、丙吉是也。《张安世传》云：

> 光薨后数月，御史大夫魏相上封事曰："车骑将军安世事孝武皇帝三十余年，忠信谨厚，勤劳政事，夙夜不怠，与大将军定策，天下受其福，国家重臣也，宜尊其位，以为大将军，毋令领光禄勋事，使专精神，忧念天下，思惟得失。安世子延寿重厚，可以为光禄勋，领宿卫臣。"上亦欲用之。安世闻指，惧不敢当，请间求见，免冠顿首曰："老臣耳妄闻，言之为先事，不言情不达，诚自量不足以居大位，继大将军后，唯天子财哀，以全老臣之命。"上笑曰："君言泰谦。君而不可，尚谁可者！"安世深辞弗能得。后数日，竟拜为大司马车骑将军，领尚书事。数月，罢车骑将军屯兵，更为卫将军，两宫卫尉、城门、北军兵属焉。时霍光子禹为右将军，上亦以禹为大司马，罢其右将军屯兵，以虚

尊加之，而实夺其众。

是魏相初欲以安世为大司马车骑将军领尚书事，承继霍光以夺霍氏之政权与兵柄。及霍山自领尚书，张安世不能领尚书，乃改为卫将军领卫尉城门北军兵而夺霍氏兵权。以安世朝之旧臣，霍光之副，有代霍氏之力，其兄又有旧恩于宣帝，职典机密，谨慎周密自著，内外无间言，故宣帝信任之，此地节三年事也。霍氏遂以地节四年谋反族诛。当霍氏未败时，徐生请抑霍氏，三上辄报，闻霍氏族诛，人为徐福上书，谓曲突徙薪无恩泽，焦头烂额为上客，此岂知当时情势者耶？宣帝既不欲明言，故薄赏之而已。

霍光时旧臣张安世，以厚德在位，虽霍光所援引而与宣帝有恩，宣帝始终尊宠之。丙吉于宣帝有大恩，终不自言，宣帝知之，乃大贤之，又与魏相厚善，虽霍氏故吏，得无嫌隙，终代魏相为丞相，以功名终。杜延年与霍光最密，宣帝之得立，亦多赖其力。及霍氏谋反诛，宣帝以延年霍氏旧人，欲退之，而丞相魏相奏，延年素贵用事，官职多奸，遣吏考按，但得苑马多死，奴婢乏衣食，延年坐免官削户二千。此何足论，宣帝以其有旧恩，故借小过而退之，处利害之际，斯亦多幸矣。

八 昭帝宣帝

昭帝始元六年，元凤六年，元平一年，在位共十三年。霍光辅政，昭帝之政治，即霍光之政治。霍光虽排同列，废昌邑，为汉之权臣，然其人有政治才，知世变，天下乂安，揽权于朝而能施惠逮下，故足尚矣。《昭帝纪赞》云：

> 承孝武奢侈余敝师旅之后，海内虚耗，户口减半，光知时务之要，轻徭薄赋，与民休息。至始元、元凤之间，匈奴和亲，百姓充实。举贤良文学，问民所疾苦，议盐铁而罢榷酤，尊号曰“昭”，不亦宜乎！

昭帝时代之政治，轻徭薄赋、与民休息二语尽之。继武帝之后而与民休息，亦如汉初继亡秦之后而镇之以无为，一张一弛，为政之要道也。惟儒者于孝武之盐铁榷酤，颇多误会。盖山泽无禁，儒者以为善政，然必须无人专利乃可。战国以来，商人兴起，煮盐冶铁，富过王侯，秦人管山林盐铁之饶以为国富，汉初弛之，武帝之以盐铁归大农，亦秦人之旧法，民不加赋而国用足，斯其效也。司马迁作《史记》，于武帝一切措施，徒见其弊，未睹其功，其崇尚道家，即所以非议时政，如《平准书》于武帝财政即无定见，既言商贾之收厚利，又不许汉朝之抑制商人；既言公孙弘布被之无用，又不与桑、孔之兴利，其意安在？使人难明。班氏《食货志》因其陈说，皆浮论耳。小儒不知大计，好为议论，《盐铁论》所载文学之言，皆无益国事，宣帝所谓“俗儒不达时宜，好是古非今，使人眩于名实，不知所守，何足委任”，真达治体之言也。儒者大同之义既非世主所愿闻，迂儒鄙生又不识治体，故宣帝以为王霸杂用，而考其实政，则合于儒家之政治，顾与腐儒所谓儒道殊耳。然非达于治体，鲜不为其所眩，昭帝时之议盐铁，殆犹未免于斯累也。霍光不学无术，其所委任者为杜延年，《本传》称其吏材有余，见国家承武帝奢侈师旅之后，数为大将军光言，年岁比不登，流民未尽还，宜修孝文时政，示以俭约宽和，顺天心，悦民意，年岁宜应，光纳其言，举贤良，议罢酒榷盐铁，皆自延年发之。吏民上书言便宜，有异辄下延年平处，复奏，言可官试者，至为县令，或丞相御史，除用岁满以状闻，或抵其罪法，常与两府及廷尉分章，是霍光之为政实以杜延年为谋主也。

始元元年遣故廷尉王平等五人，持节三郡国，举贤良问民所疾苦冤失职者。二年三月遣使者赈贷贫民无种食者。秋八月诏曰：

往年灾害多，今年蚕麦伤，所赈贷种食勿收责，毋令民出今年田租。

四年诏曰：

比岁不登，民匮于食，流庸未尽还，往时令民共出马，其止勿出。诸给中都官者，且减之。

五年夏罢天下亭母马及马弩关。元凤二年诏曰：

朕闵百姓未赡，前年减漕三百万石。颇省乘舆马及苑马，以补边郡三辅传马。其令郡国毋敛今年马口钱，三辅、太常郡得以叔粟当赋。

三年罢中牟苑赋贫民。诏曰：

乃者民被水灾，颇匮于食，朕虚仓廪，使使者振困乏。其止四年毋漕。三年以前所振贷，非丞相、御史所请，边郡受牛者勿收责。

四年赐天下民爵，毋收四年五年口赋，三年以前逋更赋未入者，皆勿收。六年诏曰：

> 夫谷贱伤农，今三辅、太常谷减贱，其令以叔粟当今年赋。

元平元年诏曰：

> “天下以农商为本。日者省用，罢不急官，减外徭，耕桑者益众，而百姓未能家给，朕甚愍焉。其减口赋钱。”有司奏请减什三，上许之。

以上列诸事观之，胥以恤民为急。武帝时虽民不加赋，以征伐太多，民不堪命，流亡转徙，遂为盗贼。天汉二年，命直指使者暴胜之等衣绣衣仗斧分郡捕逐，故昭帝时，流民还归，遂为当时要务。昭帝诏书或贷民牛种，或罢苑地赋贫民，或振其困乏，或免田租口赋。惠民之政，自昭帝益多，此儒家思想影响于政治之效也。汉初政治与民休息而已，文帝时始多免田租，景武之世颇除豪猾，惠政之多则自昭帝始，虽由汉初日不暇给，亦儒家思想使然。国家少事，故减漕运田租口赋；边境稍安，故减外徭马口钱，罢天下亭母马及马弩关。《昭帝赞》所谓轻徭薄赋，与民休息，诚非虚语，故能致百姓稍益充实之效焉。

武帝时汉兵深入穷追二十余年，匈奴马孕重堕殰，罢极苦之，自单于以下，常有和亲计。汉边郡烽火候望精明，匈奴为边寇者少利，霍光鉴武帝用兵之困，亦不欲用兵。《容斋随笔》云：

> 汉武帝外事四夷，出爵劝赏，凡将士有军功，无问贵贱，未有不封侯者。及昭帝时，大鸿胪田广明平益州夷，斩首捕虏三万，但赐爵关内侯。盖霍光为政，务与民休息，故不欲求边功，益州之师，不得已耳，与唐宋璟抑郝灵佺斩默啜之意同。然数年之后，以范明友击乌桓，傅介子刺楼兰，皆即侯之，则为非是，盖明友，光女婿也。

洪氏所论，盖得霍光之心。昭帝即位之年冬，匈奴大入边，杀掠吏民，发军屯西河，左将军桀行边。始元二年冬发习战射士诣朔方，调故吏将屯田张掖郡，六年以边塞阔远，取天水陇西、张掖二县置金城郡，皆备边而已。《匈奴传》言：

> 匈奴发左右二部二万骑，为四队，并入边为寇。汉兵追之，斩首获虏九千人，生得瓯脱王。……右贤王、犁汙王四千骑分三队，入日勒、屋兰、番和。张掖太守、属国都尉发兵击，大破之，得脱者数百人。……其明年，匈奴三千余骑入五原，略杀数千人，后数万骑南旁塞猎，行攻塞外亭障，略取吏民去。

此皆边境掠夺，非大用兵，其余诸小夷则所在克捷。始元元年遣水衡都尉吕破胡募吏民及发犍为蜀郡奔命，击益州，大破之。四年冬遣大鸿胪田广明击益州，五年秋大鸿胪广明、军正王平斩益州，斩首捕虏三万余人，获畜产三万余头。元凤元年武都氐人反，遣执金吾马适建、龙额侯韩增、大鸿胪广明将三辅、太常徒，皆免刑击之。始元五年罢儋耳、真番郡。（儋耳本南越地，真番本朝鲜地，皆武帝所置。儋耳郡并为珠厓，元帝时珠厓亦罢。又《东夷传》此年罢临屯、真番以并乐浪、玄菟。）元凤五年秋罢象郡，分属郁林、牂柯，（沈钦韩谓罢象郡即罢合浦郡。）皆一反武帝之所为也。惟于乌桓则否。《匈奴传》云：

> 汉复得匈奴降者，言乌桓尝发先单于冢，匈奴怨之，方发二万骑击乌桓。霍光欲发兵邀击之，以问护军都尉赵充国。充国以为："乌桓间数犯塞，今匈奴击之，于汉便。又匈奴希寇盗，北边幸无事。蛮夷自相攻击，而发兵要之，招寇生事，非计也。"光更问中郎将范明友，明友言可击。于是拜明友为度辽将军，将二万骑出辽东。匈奴闻汉兵至，引去。初，光诫明友："兵不空出，即后匈奴，遂击乌桓。"乌桓时新中匈奴兵，明友既后匈奴，因乘乌桓敝，击之，斩首六千余级，获三王首，还，封为平陵侯。

此洪氏所谓明友为光女婿之故也。乃《本纪》书辽东乌桓反，以中郎将范明友为度辽将军，将北边七郡，郡二千骑击之，此盖官书掩其生事之迹，而史家因之，非事实也。既一生事，边境遂不安。五年发三辅及郡国恶少年吏有告劾亡者屯辽东。六年募郡国徒筑辽东玄菟城，乌桓复犯塞，遣度辽将军范明友击之。《后汉书·乌桓传》谓：

> 明友乘乌桓新败，遂进击之，斩首六千余级，获其三王首而还。由是乌桓复寇幽州，明友辄破之。宣帝时，乃稍保塞降附。

可见霍光之击乌桓，与其政策相反，纯出于私意耳。《宣帝纪赞》云：

> 孝宣之治，信赏必罚，综核名实，政事文学法理之士，咸精其能。至于技巧工匠器械，自元成间鲜能及之，亦足以知吏称其职，民安其业也。

《循吏传序》云：

> 及至孝宣，由仄陋而登至尊，兴于闾阎，知民事之艰难。自霍光薨后，始躬万机，厉精为治，五日一听事，自丞相以下各奉职而进。及拜刺史守相，辄亲见问，观其所由，退而考察所行以质其言，有名实不相应，必知其所以然。常称曰："庶民所以安其田里而亡叹息愁恨之心者，政平讼理也。与我共此者，其唯良二千石乎！"以为太守，吏民之本也，数变易则下不安，民知其将久，不可欺罔，乃服从其教化。故二千石有治理效，辄以玺书勉励，增秩赐金，或爵至

关内侯，公卿缺则选诸所表以次用之。是故汉时良吏，于是为盛。

刘向谓宣帝理民之政优于文帝，信有征也。宣帝之治，课吏甚严而恤民甚周，惟严吏治而后能恤民隐，所谓吏畏其威，民怀其惠也。后世以姑息为仁政，纵贪暴之吏以残民，失之远哉。《霍光传》谓宣帝常与诸儒生往来，《萧望之传》则谓宣帝不崇儒，《元帝纪》宣帝自谓以霸王道杂之，何其反异。盖宣帝之治，实事求是，循名课实，本不尽与当时小儒之议论合；通达治体之儒生，宣帝亦未尝不与往来。考其实政固纯乎儒道，至其增立《穀梁春秋》、梁丘《易》、大小夏侯《尚书》，增博士弟子员，治诸儒讲论五经同异于石渠阁，固未尝不重儒术也。

宣帝自霍光薨始亲政，其时地节二年也。亲政之初，即令群臣得奏封事以知下情，五日一听事，自丞相以下各奉职奏事，以传奏其言，考试功能。三年诏曰：

盖闻有功不赏，有罪不诛，虽唐虞犹不能化天下。今胶东相成劳来不怠，流民自占者八万余口，治有异等。其秩成中二千石，赐爵关内侯。

又曰：

鳏寡孤独高年贫困之民，朕所怜也。前下诏假公田、贷种食。其加赐鳏寡孤独高年帛。二千石严教吏谨视遇，毋令失职。

又令内郡国举贤良方正可亲民者。元康元年赐勤事二千石以下至六百石，爵自中郎吏至五大夫。二年诏曰："今吏修身奉法，未有能称朕意，朕甚愍焉。"三年赐故右扶风尹翁归子黄金百斤以奉其祭祀。四年遣大中大夫彊等十二人循行天下，存问鳏寡，览观风俗，察吏治得失。神爵元年赐天下勤事吏爵二级。三年诏曰：

吏不廉平，则治道衰。今小吏皆勤事而奉禄薄，欲其毋侵渔百姓，难矣。其益吏百石以下奉什五。（《汉纪》卷五云："今汉之赋禄薄而吏非员者众，在位者贪于财产，规夺官民之利，则货殖无厌，夺民之利不以为耻，是以清节毁伤，公义损缺，富者比公室，贫者匮朝夕。"）

四年颍川太守黄霸以治行尤异，秩中二千石，赐爵关内侯。黄龙元年御史察计簿非实者按之，使真伪毋相乱。此其重吏治之明验也。其于刑狱风俗，尤为留意。《刑法志》谓武帝以后文书盈于几案，奸吏因缘为市，宣帝始置廷尉平。（据《本纪》在地节三年。）地节四年诏曰：

父子之亲，夫妇之道，天性也。虽有患祸，犹蒙死而存之。诚爱结于心，仁厚之至也，岂能违之哉！自今子首匿父母，妻匿夫，孙匿大父母，皆勿坐。其父母匿子，大父母匿孙，罪殊死，皆上请廷尉以闻。（此类皆秦时法家之法律，而宣帝以儒家伦理思想修正之。）

又曰：

令甲，死者不可复生，刑者不可息。此先帝之所重，而吏未称。今系者或以掠辜若饥寒瘐死狱中，何用心逆人道也！朕甚痛之。其令郡国岁上系囚以掠笞若瘐死者所坐名、县、爵、里，丞相御史课殿最以闻。

元康二年诏曰：

狱者万民之命，能使生者不怨，死者不恨，则可谓文吏矣。今则不然。用法或持巧心，析律贰端，深浅不平，增辞饰非，以成其罪。奏不如实，上亦亡繇知。此朕之不明，吏之不称，四方黎民将何仰哉！二千石各察官属，勿用此人。

四年诏曰：

自今以来，诸年八十以上，非诬告杀伤人，他皆勿坐。

五凤三年，复遣丞相御史掾二十四人循行天下，举冤狱察擅为苛禁深刻不改者。其矜慎刑狱为何如耶？地节三年诏曰：

朕既不逮，导民不明，反侧晨兴，念虑万方，不忘元元。惟恐羞先帝圣德，故并举贤良方正以亲万姓，历载臻兹，然而俗化阙焉。传曰："孝弟也者，其为仁之本与！"其令郡国举孝弟、有行义闻于乡里者各一人。

四年诏曰：

导民以孝，则天下顺。今百姓或遭衰绖凶灾，而吏繇事，使不得葬，伤孝子之心，朕甚怜之。自今诸有大父母、父母丧者勿繇事，使得收敛送终，尽其子道。

神爵四年，赐颍川吏民有行谊者爵人二级，力田二级，贞妇顺女帛。（此为奖励贞操之始，汉初奖励生育，于此未遑留意也。）五凤二年诏曰：

夫婚姻之礼，人伦之大者也；酒食之会，所以行礼乐也。今郡国二千石或擅为苛禁，禁民嫁娶不得具酒食相贺召。由是废乡党之礼，令民亡所乐，非所以导民也。

其于人伦风化何其兢兢耶？吏治清明，民自乐业，尤留意于鳏寡孤独高年之人，累见于诏令，于流民还归者，假公田，贷种食，池籞未御幸者，假与贫民，其惠民可谓至也。黄龙元年诏曰：

朕既不明，数申诏公卿大夫，务行宽大，顺民所疾苦，将欲配三王之隆，明先帝之德也。今吏或以不禁奸邪为宽大，纵释有罪为不苛，或以酷恶为贤，皆失其中。

乃后之论者专以不禁奸邪、纵释有罪为儒道、为王政，何其谬哉？

宣帝时循吏尤多，今举黄霸、龚遂以示例。《黄霸传》云：

> 霸为颍川太守，秩比二千石，居官赐车盖，特高一丈，别驾主簿车，缇油屏泥于轼前，以章有德。时上垂意于治，数下恩泽诏书，吏不奉宣。太守霸为选择良吏，分部宣布诏令，令民咸知上意。使邮亭乡官皆畜鸡豚，以赡鳏寡贫穷者。然后为条教，置父老师帅伍长，班行之于民间，劝以为善防奸之意，及务耕桑，节用殖财，种树畜养，去食谷马。米盐靡密，初苦烦碎，然霸精力能推行之。吏民见者，语次寻绎，问它阴伏，以相参考。尝欲有所司察，择长年廉吏遣行，属令周密。吏出，不敢舍邮亭，食于道旁，乌攫其肉。民欲有诣府口言事者适见之，霸与语道此。后日吏还谒霸，霸见迎劳之，曰："甚苦，食于道旁乃为乌所盗肉。"吏大惊，以霸具知其起居，所问毫氂不敢有所隐。鳏寡孤独有死而无葬者，乡部书言，霸具为区处，某所大木可以为棺，某亭猪子可以为祭，吏往皆如其言。其识事聪明如此，吏民不知所出，咸称神明。奸人去入它郡，盗贼日少。霸力行教化而后诛罚，务在成就全安长吏。许丞老，病聋，督邮白欲逐之，霸曰："许丞廉吏，虽老，尚能拜起送迎，正颇重听，

何伤？且善助之，毋失贤者意。”或问其故，霸曰：“数易长吏，送故迎新之费及奸吏缘绝簿书盗财物，公私费耗甚多，皆当出于民，所易新吏又未必贤，或不如其故，徒相益为乱。凡治道，去其泰甚者耳。”霸以外宽内明得吏民心，户口岁增，治为天下第一。

《龚遂传》云：

宣帝即位，久之，勃海左右郡岁饥，盗贼并起，二千石不能禽制。上选能治者，丞相御史举遂可用，上以为勃海太守。时遂年七十余，召见，形貌短小，宣帝望见，不副所闻，心内轻焉，谓遂曰：“勃海废乱，朕甚忧之。君欲何以息其盗贼，以称朕意？”遂对曰：“海濒遐远，不沾圣化，其民困于饥寒而吏不恤，故使陛下赤子盗弄陛下之兵于潢池中耳。今欲使臣胜之邪，将安之也？”上闻遂对，甚悦，答曰：“选用贤良，固欲安之也。”遂曰：“臣闻治乱民犹治乱绳，不可急也；唯缓之，然后可治。臣愿丞相御史且无拘臣以文法，得一切便宜从事。”上许焉，加赐黄金，赠遣乘传。至勃海界，郡闻新太守至，发兵以迎，遂皆遣还，移书敕属县悉罢逐捕盗贼吏。诸持鉏钩田器者皆为良民，吏无得问，持兵者乃为盗贼。遂单车独行至府，郡中翕然，盗贼亦皆罢。勃海又多劫略相随，闻遂教令，即时解散，弃其兵弩而持鉏钩。盗贼于是悉平，民安土乐业。遂乃开仓廪假贫民，选用良吏，尉安牧养焉。遂见齐俗奢侈，好末技，不田作，乃躬率以俭约，劝民务农桑，令口种一树榆、百本薤、五十本葱、一畦韭，家二母彘、五鸡。民有带持刀剑者，使卖剑买牛，卖刀买犊，曰："何为带牛佩犊？"春夏不得不趋田亩，秋冬课收敛，益蓄果实菱芡。劳来循行，郡中皆有畜积，吏民皆富实。狱讼止息。

黄霸以明察治理，龚遂以惠养著效，则所处之地殊焉。

宣帝在位，于匈奴未尝大用兵，惟本始二年出兵为多。本始二年汉大发关东轻锐士，选郡国吏三百石伉健习骑射者皆从军，遣御史大夫田广明为祁连将军四万余骑出西河，度辽将军范明友三万余骑出张掖，前将军韩增三万余骑出云中，后将军赵充国为蒲类将军三万骑出酒泉，云中太守田顺为虎牙将军三万骑出五原。凡五将军兵十余万骑，出塞各二千余里，及校尉常惠使护发兵乌孙、西域、昆弥，自将翕侯以下五万余骑从西方入，与五将军兵合，凡二十余万众。匈奴闻汉兵大出，老弱奔走，驱畜产远遁逃，是以五将少所得。其后匈奴日衰，兄弟争国，遂臣于汉：

呼韩邪之败也，左伊秩訾王为呼韩邪计，劝令称臣入朝事汉，从汉求助，如此匈奴乃定。呼韩邪议问诸大臣，皆曰："不可。匈奴之俗，本上气力而下服役，以马上战斗为国，故有威名于百蛮。战死，壮士所有也。今兄弟争国，不在兄则在弟，虽死犹有威名，子孙常长诸国。汉虽强，犹不能兼并匈奴，奈何乱先古之制，臣事于汉，卑辱先单于，为诸国所笑！虽如是而安，何以复长百蛮。”左伊秩訾曰：“不然。强弱有时，今汉方盛，乌孙城郭诸国皆为臣妾。自且鞮侯单于以来，匈奴日削，不能复取，虽屈强于此，未尝一日安也。今事汉则安存，不事则危亡，计何以过此！”诸大人相难久之。呼韩邪从其计，引众南近塞，遣子右贤王铢娄渠堂入侍。郅支单于亦遣子右大将驹于利受入侍。是岁，甘露元年也。

西域亦置都护，自张骞通西域，李广利征伐之后，初置校尉屯田渠黎，至宣帝时郑吉以侍郎田渠黎，因发诸国兵攻破车师，迁卫司马，使护鄯善以西北道。神爵中，匈奴乖乱，日逐王先贤掸欲降汉，使人与吉相闻，吉发渠黎、龟兹诸国五万人逐日逐王口万二千人，小王将十二人随吉至河曲，颇有亡者。吉追斩之，遂将诣京师，汉封日逐王为归德侯。吉既破车师降日逐，威震西域，遂并护车师以西北道，故号都护。都护之置自吉始。吉于是中西域而立莫府，治乌垒城，镇抚诸国，诛伐怀集之，汉之号令班西域矣，始自张骞而成于郑吉。西羌叛乱，用赵充国击平之。汉兴，匈奴冒顿兵强，破东胡，走月氏，威震百蛮，臣服诸羌。景帝时，研种留何率种人求守陇西塞，于是徙留何等于狄道、安故至临洮、氐道、羌道县。及武帝征伐四夷，开地广境，北却匈奴，西逐诸羌，乃渡河湟，筑令居塞，初开河西，列置四郡，通道玉门，隔绝羌胡，使南北不得交关，于是障塞亭燧出长城外数千里。时先零羌与封养牢姐种解仇结盟，与匈奴通，合兵十余万，共攻令居、安故，遂围枹罕，汉遣将军李息、郎中令徐自为将兵十万人击平之，始置护羌校尉持节统领焉。羌乃去湟中依西海盐池左右，汉遂因山为塞，河西地空，稍徙人以实之。至宣帝时，遣光禄大夫义渠安国觇行诸羌，其先零种豪言愿得度湟水，逐人所不田处以为牧畜，安国以事奏闻，后将军赵充国以为不可听，后因缘前言，遂度湟水，郡县不能禁。至元康三年，先零乃与诸羌大共盟誓，将欲寇边，帝闻，复使安国将兵观之。安国至，召先零豪四十余人斩之，因放兵击其种，斩首千余级，于是诸羌怨怒，遂寇金城，乃遣赵充国与诸将将兵六万人击平之。

大一统之局开于秦皇而定于汉武，武帝以前之政治皆所以去封建之余毒而为武帝筑其基。汉武之世为汉代历代一大转捩，然其奋发之后必至罢敝，故昭帝继之以无为，以文帝之治为救世之方，而致百姓充实之效。宣帝承业，综核刑名，吏治益隆，诸夷日衰，臣服于汉，故言汉治之盛。其后元、成、哀、平，继其善政，人民蒙庥，故户口滋盛也。

九　元成哀平

《元帝纪赞》云："少而好儒，及即位，征用儒生，委之以政，贡、薛、韦、匡，迭为宰相。而上牵制文义，优游不断，孝宣之业衰焉。然宽弘尽下，出于恭俭，号令温雅，有古之风烈。"宣帝亦谓："乱我家者，必太子也。"论史者率谓元帝以下为汉之衰世。自汉室一家兴衰论之，元成以后诚衰世，若自民族历史观之，元成以降之政治，其福利生民，未必不逾于汉初。西汉末年之朝政虽有转移，而所以治民者皆承昭宣以来之政治，所谓承平之世也。故西汉之亡，其祸不起于民间，而起于朝廷。《食货志》谓百姓訾富，虽不及文景，然天下户口最盛矣。《地理志》谓讫于孝平，民户千二百二十三万三千六十二，口五千九百五十九万四千九百七十八，汉极盛矣。汉代人口之滋长，当以宣帝以后为盛，流民还归既为当时要政，复少兵革之事，人民得安居乐业，而后户口得以滋长，平帝元始为汉代人口极盛时代，班氏于《成帝纪赞》亦谓遭世承平。惜史家囿于一姓之盛衰，后世论史者遂以衰世目之，此不可不辨。元、成、哀、平之政治，有四事可言：一曰外戚佞幸之窃位，二曰儒生政治之成功，三曰多虚文而鲜实效，四曰承宣帝以来之惠政。

宣帝之世，外戚即以得势，以宣帝在民间依许广汉兄弟及祖母家史氏，即位之后，许、史遂贵，宣帝之明察而重外戚，报旧恩也。外戚不必皆不肖，亦视人主用之何如。元帝以下遂以外戚秉政为常，终成王莽之篡。《王商史丹傅喜传赞》云：

> 自宣、元、成、哀外戚兴者，许、史、三王、丁、傅之家，皆重侯累将，穷贵极富，见其位矣，未见其人也。阳平之王多有材能，好事慕名，其势尤盛，旷贵最久。然至于莽，亦以覆国。王商有刚毅节，废黜以忧死，非其罪也。史丹父子相继，高以厚重，位至三公。丹之辅导副主，掩恶扬美，傅会善意，虽宿儒达士无以加焉。及其历房闼，入卧内，推至诚，犯颜色，动寤万乘，转移大谋，卒成太子，安母后之位。“无言不雠”，终获忠贞之报。傅喜守节不倾，亦蒙后凋之赏。哀、平际会，祸福远哉！

宣、元以来之外戚与政治关系之密如此。宣帝以许延寿代韩增为大司马车骑将军，《外戚传》谓其辅政，盖尊官而无常职，与韩增同，武帝时之大司马大将军、大司马骠骑将军，皆此类也。宣帝以太子仁柔，欲废太子，以少依许氏，俱起微贱，故得不废。太子即位，是为元帝。《萧望之传》云：

> 宣帝寝疾，选大臣可属者，引外属侍中东陵侯史高、太子太傅望之、少傅周堪至禁中，拜高为大司马车骑将军，望之为前将军光禄勋，堪为光禄大夫，皆受遗诏辅政，领尚书事。（《周堪传》亦谓与望之同领尚书事。）

《匡衡传》则谓望之为副，盖与张安世之副霍光相同，亲贤并用，未尝专任外戚也。望之名儒，有师傅旧恩，天子任之，多所贡荐。（《读通鉴论》谓萧、周悬朝廷之禄位，引躁进喜事之人为朋党。）高充位而已，与望之有隙。霍光领尚书事，政自己出，光薨，霍山自领尚书事，宣帝遂去副封，不关尚书，而集权于中书，宣帝以来中书为政事之本，任用弘恭、石显为令仆，既复以史高、萧周领尚书，中书遂与尚书争权。史高与望之有隙，乃附于石显，萧周遂败。成帝为太子时颇有酒色之失，母王皇后无宠，傅昭仪子定陶恭王有材艺，子母俱爱幸，有夺嫡之势，王商、史丹拥佐太子颇有力焉。史丹，史高之子；王商，宣帝母家也。元帝崩，太子立，是为成帝。尊皇后为皇太后，以母舅王凤为大司马大将军领尚书事，王氏之兴自凤始。又封太后同母弟崇为安成侯，食邑万户，凤庶弟谭等皆赐爵关内侯，河平二年悉封舅谭为平阿侯，商为成都侯，立为红阳侯，根为曲阳侯，逢时为高平侯，五人同日封，故世谓之五侯。成帝感王商、史丹旧恩，徙商为左将军，擢丹为长乐卫尉，迁右将军，赐爵关内侯。宣帝怜元帝早失母几为霍氏所害，于是选后宫素谨慎而无子者，遂立王婕妤为皇后，令母养太子，封后父奉光为卬成侯。元帝即位，王婕妤为皇太后，封太后兄舜为安平侯，成帝即位为太皇太后，复爵太皇太后弟骏为关内侯，食邑千户。王氏列侯二人，关内侯一人，舜子章，章从弟咸，皆至左右将军。此一族矣，合王商、王凤为三王焉。成帝时王凤一族之权最大。王商为人多质有威重，以肃敬敦厚著称。成帝即位，素敬重商，代匡衡为丞相，天子素尊任之。而帝元舅大司马大将军王凤专权，行多骄僭，商议论不能平凤，凤知之，亦疏商，阴使人上书言商闺门事，史丹亦附王凤倾王商，商免相三日发病呕血死。直臣京兆尹王章上封事讼商忠直无罪，言凤专权蔽主，凤竟以法诛章。史丹为人足知，恺弟爱人，貌若傥荡不备，然其心谨密，故得不为王凤所害。王凤既以大司马大将军领尚书事，以元舅之尊倾石显，故成帝建始四年卒罢中书宦官，置尚书员五人，中书遂不复见于汉世。张禹以成帝师傅拜为诸吏光禄大夫，秩中二千石，给事中，领尚书事。是时王凤为大将军专政权，而上富于春秋，谦让，方向经学，敬重师傅，故张禹与凤并领尚书。禹内不自安，欲避凤不能得，河平四年代王商为丞相，封安昌侯，鸿嘉元年以老病乞骸骨，上加优再三乃听许。

> 禹虽家居，以特进为天子师，国家每有大政，必与定议。永始、元延之间，日蚀、地震尤数，吏民多上书言灾异之应，讥切王氏专政所致。上惧变异数见，意颇然之，未有以明见，乃车驾至禹第，辟左右，亲问禹以天变，因用吏民所言王氏事示禹。禹自见年老子孙弱，又与曲阳侯不平，恐为所怨。禹则谓上曰："春秋二百四十二年间，日蚀三十余，地震五，或为诸侯相杀，或夷狄侵中国。灾变之异，深远难见，故圣人罕言命，不语怪神。性与天道，自子赣之属不得闻，何况浅见鄙儒之所言！陛下宜修政事以善应之，与下同其福喜，此经义意也。新学小生，乱道误人，宜无信用，以经术断之。"

上雅信爱禹，由是不疑王氏，王凤、王音、王商、王根、王莽相继执政也。后曲阳侯根及诸王子弟闻知禹言，皆喜说，遂亲就禹，王氏之势，张禹成之，此朱云欲得尚方剑断其头也。孝成赵皇后本长安人，初生时，父母不举，三日不死，乃收养之，及壮属阳阿主家学歌舞，号曰"飞燕"。成帝尝微行，出过阳阿主，作乐，上见飞燕而说之，召入宫，大幸，有女弟复召入，俱为婕妤。皇太后嫌其所出微甚难之，太后姊子淳于长为侍中，数往来传语，得太后指，上乃封婕妤父为咸阳侯，后月余乃立婕妤为皇后，追以长前白罢昌陵功封为定阳侯。皇后既立，后宠少衰，而弟绝幸，为昭仪，姊弟专宠十余年，卒皆无子。末年定陶王来朝，王祖母傅太后随王来朝，私赂遗上所幸赵昭仪及帝舅骠骑将军曲阳侯王根，昭仪及根见上无子，亦欲豫自结为长久计，皆更称定陶王，劝帝以为嗣。成帝亦美其材，为加元服而遣之，时年十七矣。明年使执金吾任宏守大鸿胪持节征定陶王立为皇太子，明年成帝暴崩，民间归罪赵昭仪，昭仪自杀。太子即位，是为哀帝。尊立赵皇后为皇太后，尊定陶太后曰“恭皇太后”，母丁姬曰“恭皇后”，追尊傅父为崇祖侯，丁父为褒德侯，封舅丁明为阳安侯，舅子满为平周侯，后父晏为孔乡侯，丁、傅二家于是盛矣。哀帝即位，太后诏王莽就第，避帝外家，哀帝初优莽不听，莽上书固乞骸骨而退。哀帝少而闻知王氏骄盛，心不能善，以初立，故优之。后月余，司隶校尉解光奏：

曲阳侯根宗重身尊，三世据权，五将秉政，天下辐凑自效。根行贪邪，臧累巨万，纵横恣意，大治室第，第中起土山，立两市，殿上赤墀，户青琐；游观射猎，使奴从者被甲持弓弩，陈为步兵；止宿离宫，水衡共张，发民治道，百姓苦其役。内怀奸邪，欲管朝政，推亲近吏主簿张业以为尚书，蔽上壅下，内塞王路，外交藩臣，骄奢僭上，坏乱制度。案根骨肉至亲，社稷大臣，先帝弃天下，根不悲哀思慕，山陵未成，公聘取故掖庭女乐五官殷严、王飞君等，置酒歌舞，捐忘先帝厚恩，背臣子义。及根兄子成都侯况幸得以外亲继父为列侯侍中，不思报厚恩，亦聘取故掖庭贵人以为妻，皆无人臣礼，大不敬不道。

于是根就国，况免为庶人，归故郡。建平二年尊恭皇太后曰“帝太太后”，恭皇后曰“帝太后”，从朱博“议曰”。董贤，字圣卿，父恭为御史，任贤为太子舍人，得幸于哀帝，迁光禄大夫。贤宠爱日甚，为驸马都尉侍中，出则参乘，入御左右，旬日间赏赐巨万，贵震朝廷。常与上卧起，尝昼寝偏藉上袖，上欲起，贤未觉，不欲动贤，乃断袖而起，其恩爱至此。贤亦性柔和便辟，善为媚以自固。为贤起大第北阙下，重殿洞门，土木之功，穷极技巧，柱槛衣以绨锦，下至贤家僮仆，皆受上赐。上欲侯贤而未有缘。会待诏孙宠、息夫躬等告东平王云后谒祠祀祝诅，下有司治，皆伏其辜。上于是令躬、宠为因贤告东平事者，乃以其功封贤为高安侯，躬宜陵侯，宠方阳侯，食邑各千户。顷之，复益封贤二千户，丞相王嘉以董贤故下狱死。先是，傅皇太后从弟喜为大司马辅政，以失皇太后指免官，以帝舅丁明代为大司马，颇害贤、宠，上遂册免明，以贤代明为大司马卫将军。是时贤年二十三，虽为三公，常给事中，领尚书，百官因贤奏事，宠在丁、傅之右。哀帝崩（傅太后、丁太后皆先薨），太皇太后使召王莽，罢大司马董贤新都侯，王莽为大司马领尚书事，贬皇太后赵氏为孝成皇后，退居北宫，哀帝皇后傅氏退居桂宫，皆令自杀。孔乡侯傅晏、少府董恭等，皆免官爵，徙合浦。立中山王为帝，是为平帝，元帝庶孙而中山孝王子也。年九岁，太皇太后临朝，大司马莽秉政，百官总己以听于莽，其后遂由居摄而受禅。此元帝以来朝政之转移在于外戚佞幸之手也。

汉初以军吏执政，贾、晁之属并抑在下位，博士以通古今、备顾问而已。自武帝时始用儒生为大臣，元、成以后，儒生执政，遂为常事。《匡张孔马传赞》云：

> 自孝武兴学，公孙弘以儒相，其后蔡义、韦贤、玄成、匡衡、张禹、翟方进、孔光、平当、马宫及当子晏，咸以儒宗居宰相位。

官吏所奉行者，时王之法制；儒生所服膺者，先圣之训言。本为二事，卒得通经服官者，盖自汉初诸儒以儒术攻击秦人之法家政治，武帝崇儒，经学遂为政治之标准，于是通经可以致用。《张汤传》言是时上方向文学，（广义之文学。）汤决大狱，欲傅古义，乃请博士弟子治《尚书》《春秋》补廷尉平。他如终军之诘徐偃，隽不疑之收伪太子，皆以经义断事，霍光谓公卿大臣当用经术明于大义，可以觇当时人心之所向矣。儒家之政治思想原为贤人政治，天下为公，选贤与能，无贫富贵贱阶级，君师合一，伦理政治不分。及秦人一统，不用儒术，汉人承之，大同思想不合于时，于是与君主平分政教，儒者所持惟是教统，其于政治仅有调节之功用，不能尽如理想。汉元帝以后为儒家政治极盛时代，其要义在于阐明天子之性质。谷永上疏云：

> 臣闻天生蒸民，不能相治，为立王者以统理之，方制海内非为天子，列土封疆非为诸侯，皆以为民也。垂三统，列三正，去无道，开有德，不私一姓，明天下乃天下之天下，非一人之天下也。

贡禹上疏云：

> 天生圣人，盖为万民，非独使自娱乐而已也。

立君以为民之意，为儒者之根本理论，故儒者于政治虽不能尽展其抱负，于节制君主之淫威，实为有效。（明天下非一家之天下，故言禅让，言革命，其结果为王莽之篡汉。）儒者所以节制君主有二道，一为犯颜直谏，一为以灾异评时政。《薛广德传》云：

广德为人温雅有酝藉。及为三公，直言谏争。始拜旬日间，上幸甘泉，郊泰畤，礼毕，因留射猎。广德上书曰："窃见关东困极，人民流离。陛下日撞亡秦之钟，听郑卫之乐，臣诚悼之。今士卒暴露，从官劳倦，愿陛下亟反宫，思与百姓同忧乐，天下幸甚。"上即日还。其秋，上酎祭宗庙，出便门，欲御楼船，广德当乘舆车，免冠顿首曰："宜从桥。"诏曰："大夫冠。"广德曰："陛下不听臣，臣自刎，以血污车轮，陛下不得入庙矣！"上不说。

他如夏侯胜之斥诏书，朱云之犯帝颜，皆为谏争之美谈，若此类者为秦人法家政治所许乎？自汉以后，谏议遂成制度，与经筵保傅同为谕导人主之善法，后人习见，忽焉不察，遂昧其为汉代儒学对政治之贡献也。灾异学说，原出于墨子《明鬼篇》，汉儒借天道以恐时君，其所谓天与墨子言天相同，故亦盛言灾异，其施之政治者，文帝求言诏，与武帝贤良策问言天人感应，已启其端。宣帝诏书始言多灾异，而其大盛则在元帝以后。元帝初元元年诏丞相、御史举天下明阴阳灾异者各三人，于是言事者众，或进擢召见，人人自以为得上意。阴阳学说累见于奏疏诏令，日食策免三公，灾异罢免郡守。赵翼论之曰：

汉儒之言天者，实有验于人，故诸上疏者皆言之深切著明，无复忌讳。翼奉谓，人气内逆则感动天地，变见于星气，犹人之五脏六体，脏病则气色发于面，体病则欠伸动于貌也。李寻谓，日失其度，晻昧无光，阴云邪气在日出时者为牵于女谒，日出后者为近臣乱政，日中者为大臣欺诬，日入时者为妻妾役使所营也。孔光谓，皇之不极，则咎征荐臻，其传曰有日月乱行诸变异也。而尤言之最切者，莫如董仲舒，谓国家将有失道之败，天乃先出灾害以谴告之，以此见天心之仁，爱人君，欲止其乱也。谷永亦言，灾异者，天所以儆人君过失，犹严父之明诫，改则祸消，不改则咎罚。是皆援天道以证人事，若有杪忽不爽者。

而其时人君亦多遇灾而惧，如成帝以翟方进言，遂出宠臣张放于外，赐萧望之爵，登用周堪为谏大夫，又因何武言擢用辛庆忌。哀帝亦因灾异用鲍宣言召用彭宣、何武、孔光，而罢孙宠、息夫躬等。灾异学说在元帝以后对政治关系之大，诚如赵翼所云："其学说之本身可以不论，其作用则不可忽也。"（灾异之说，大抵傅会《春秋》《洪范》《齐诗》，《眭两夏侯京翼李传赞》云："幽赞神明，通合天人之道者，莫著乎《易》《春秋》。然子赣犹云'夫子之文章可得而闻，夫子之言性与天道不可得而闻'已矣。汉兴推阴阳言灾异者，孝武时有董仲舒、夏侯始昌，昭宣则眭孟、夏侯胜，元成则京房、翼奉、刘向、谷永，哀平则李寻、田终术。此其纳说时君著明者也。察其所言，仿佛一端。假经设谊，依托象数，或不免乎‘亿则屡中’。仲舒下吏，夏侯囚执，眭孟诛戮，李寻流放，此学者之大戒也。”）

自董仲舒而后，儒家即无大思想家出现，《盐铁论》所代表者为昭宣时代思想，儒学虽未增高，乃日入于普及，迂腐之论亦日出，适仲舒以前儒者言改制，以后则言复古，此其大较矣。《礼乐志》云：

> 至宣帝时，琅玡王吉为谏大夫，又上疏言："欲治之主不世出，公卿幸得遭遇其时，未有建万世之长策，举明主于三代之隆者也。其务在于薄书断狱听讼而已，此非太平之基也。今俗吏所以牧民者，非有礼义科指可世世通行者也，以意穿凿，各取一切。是以诈伪萌生，刑罚无极，质朴日消，恩爱浸薄。孔子曰‘安上治民，莫善于礼’，非空言也。愿与大臣延及儒生，述旧礼，明王制，驱一世之民，济之仁寿之域，则俗何以不若成康？寿何以不若高宗？”上不纳其言，吉以病去。

《贡禹传》云：

> 元帝初即位，征禹为谏大夫，数虚己问以政事。是时年岁不登，郡国多困，禹奏言："古者宫室有制，宫女不过九人，秣马不过八匹；墙涂而不雕，木摩而不刻，车舆器物皆不文画，苑囿不过数十里，与民共之；任贤使能，什一而税，亡它赋敛徭戍之役，使民岁不过三日，千里之内自给，

千里之外各置职贡而已。故天下家给人足，颂声并作。至高祖、孝文、孝景皇帝，循古节俭，宫女不过十余，厩马百余匹。孝文皇帝衣绨履革，器亡雕文金银之饰。后世争为奢侈，转输益甚，臣下亦相仿效，衣服履绔刀剑乱于主上，主上时临朝入庙，众人不能别异，甚非所宜。

钱宾四先生《刘向歆父子年谱》云："盖王吉、贡禹皆主兴复古礼以几太平，宣帝不能用吉，而元帝专信禹，遂开晚汉复古一派，其风实始于王、贡。"《韦贤传赞》云："司徒掾班彪曰：'汉承亡秦绝学之后，祖宗之制，因时制宜。自元成后学者蕃滋，贡禹毁宗庙，匡衡改郊兆，何武定三公，后皆数复，故纷纷不定。'"而此数者皆复古风气下之事，吾所谓多虚文而鲜实效者也。

班氏谓元帝颇改宣帝之政，实则其所纷更，皆是虚文，至于理民之政，固未异于宣帝，特其人仁柔不能御下，致成外戚佞幸之政治耳。元帝以初元元年以三辅、太常、郡国公田及苑囿可省者振救贫民，赀不满千钱者，赋贷种食，临遣光禄大夫褒等十二人循行天下，存问耆老鳏寡孤独、困乏失职之民。令郡国被灾害甚者，毋出租赋，江海陂湖园池属少府者，以假贫民勿租赋，以民疾疫，令太官损膳，减乐府员，省苑马，以振困乏，令诸宫馆希御幸者勿治膳，太仆减谷食马，水衡减肉食兽。二年诏罢黄门乘舆狗马，水衡禁囿宜春下苑少府佽飞外池严籞池田假与贫民，郡国被地动灾甚者无出租赋，赦天下有可蠲除减省以便万姓者，条奏，毋有所讳，诏吏虚仓廪、开府库振救，赐寒者衣。三年罢甘泉建章宫卫令就农，百官各省费。五年令太官毋日杀，所具各减半，乘舆秣马无乏正事而已。罢角抵，上林宫馆希御幸者，齐三服官北假田官，盐铁官，常平仓。永光元年诏无田者皆假之，贷种食如贫民。成帝建始元年罢上林宫馆希御幸者，郡国被灾十四以上，毋收田租。二年减天下赋钱算四十，罢六厩技巧官，减乘舆厩马。河平四年诸逋租赋所振贷勿收，遣光禄大夫博士嘉等十一人行举濒河之郡，水所毁伤困乏不能自存者财，振贷其为水所流压，死不能自葬，令郡国给椟椟葬埋，已葬者与钱人二千，避水他郡国，所在冗食之，谨遇文理，无令失职。鸿嘉元年逋贷未入者勿收。四年诏已遣使者循行郡国，被灾害什四以上，民赀不满三万，勿出租赋，逋贷未入皆勿收，流民欲入关者，辄籍内。哀帝即位诏曰：

齐三服官、诸官织绮绣，难成，害女红之物，皆止，无作输。掖庭宫人年三十以下，出嫁之。官奴婢五十以上，免为庶人。禁郡国无得献名兽。乃者河南、颍川郡水出，流杀人民，坏败庐舍。赐死者棺钱，人三千。其令水所伤县邑及他郡国灾害什四以上，民赀不满十万，皆无出今年租赋。

建平元年诏外家王氏田非冢茔皆以赋贫民。元帝元始元年罢明光宫及三辅驰道，天下女徒已论归家，顾山钱月三百，太皇太后省所食汤沐邑十县属大司农，常别计其租入以赡贫民。二年郡国大旱蝗，青州民尤甚，民流亡，安汉公、四辅、三公、卿大夫、吏民为百姓困乏，献其田宅者二百三十人，以口赋贫民。遣使者捕蝗，民捕蝗诣吏，以石斗受钱。天下民赀不满二万，及被灾之郡不满十万，勿租税。民疾疫者，空邸第为置医药，赐死者一家六尸以上葬钱五千，四尸以上三千，二尸以上二千，罢安定呼池苑以为安民县，起官市社里，募徙贫民，县次给食。至徙所，赐田宅什器，假与犁牛种食，又起五里于长安城中以居贫民。凡此惠民之政，无非损上益下，非儒家思想之效乎？若哀帝时之限田宅奴婢，除任子令，元帝时之增弟子员，成帝时之求遗书校经籍，关系社会文化者尤大。故从民族历史言，元成以后自优于文景；自儒家学术言，元成以后更为儒学之普及时期焉。

十　王莽

王莽，字巨君，孝元皇后之弟子。元后父及兄弟皆于元成世封侯，居位辅政，家凡九侯、五大司马。莽父曼早死不侯，孤贫，因折节为恭俭，受礼经，师事沛郡陈参，勤身博学，被服如儒生。永始元年封莽为新都侯，爵位益尊，节操兼谦，散舆马衣裘，振施宾客，家无所余，收赡名士，交结将相卿大夫甚众，故在位更推荐之，游者为之谈说，声誉隆洽，倾其诸父矣。绥和元年，继四父而辅政，欲令名誉过前人，遂克己不倦，聘诸贤良以为掾吏，赏赐邑钱悉以赏士，愈为俭约。哀帝即位，避帝外家，以侯就第，在国三岁，吏上疏讼莽冤者以百数。光寿元年日食，贤良周护、宋崇等对策，深讼莽功德，哀帝于是征莽还京师。岁余哀帝崩，太后诏公卿举可为大司马者，大司徒孔光、大司空彭宣举莽，太后拜莽为大司马。平帝立，太后临朝称制，委政于莽。莽以王舜、王邑为腹心，甄丰、甄邯主击断，平晏领机事，刘歆典文章，孙建为爪牙，丰子寻，歆子棻，琢郡崔发，南阳陈崇，皆以才能幸于莽。莽色厉而言方，欲有所为，微见风采，党与承其旨意而显奏之。元始元年封莽为安汉公，莽欲专断，知太后厌事，乃风公卿奏太后不宜亲省小事，太后乃下诏，自今以来，惟封爵乃以闻，他事皆安汉公四辅平决。四年加安汉公号为宰衡，五年加九锡。平帝崩，太后诏征宣帝玄孙，诏莽居摄，明年改元曰“居摄”，立宣帝玄孙婴为皇太子，号曰“孺子”。初始元年梓潼人哀章献金匮，莽即真天子位，号曰“新”。地皇四年莽见杀。吾国历史于易代之际，禅让多于征诛，皆先加九锡而后篡位，师莽之故技也。

王莽之篡汉虽缘元后之故，以外戚而得政权，其能实现其篡位之理想，则缘汉代今文家天下为公之学说。王莽之政治深受今文学之影响，其固执不通，则囿于元成以来儒者复占之学说。刘向《谏营昌陵疏》云：“王者必通三统，明天命所授者博，非独一姓也。”谷永《灾异对》云：“垂三统，列三正，去无道，开有德，不私一姓，明天下乃天下之天下，非一人之天下。”此汉儒不以天下为一家所得而私之议论，既不私一姓，自有德者居之，传贤乃当然之事。《眭弘传》云：

孟推《春秋》之意，以为“石柳皆阴类，下民之象，泰山者岱宗之岳，王者易姓告代之处。今大石自立，僵柳复起，非人力所为，此当有从匹夫为天子者。枯社木复生，故废之家公孙氏当复兴者也。”孟意亦不知其所在，即说曰：“先师董仲舒有言，虽有继体守文之君，不害圣人之受命。汉家尧后，有传国之运。汉帝宜谁差天下，求索贤人，禪以帝位，而退自封百里，如殷周二王后，以承顺天命。”孟使友人内官长赐上此书。时昭帝幼，大将军霍光秉政，恶之，下其书廷尉。奏赐、孟妄设妖言惑众，大逆不道，皆伏诛。

盖宽饶上封事引《韩氏易传》言：

五帝官天下，三王家天下，家以传子，官以传贤，若四时之运，成功者去，不得其人则不居其位。

书奏，上以宽饶怨谤终不改，下其书中二千石。时执金吾议以为宽饶指意欲求禪，大逆不道。眭弘、盖宽饶既以言禅让被诛，以后遂不敢再言禅让，乃有汉运当终而再受命之说。《李寻传》云：

成帝时，齐人甘忠可诈造《天官历》《包元太平经》十二卷，以言“汉家逢天地之大终，当更受命于天，天帝使真人赤精子，下教我此道”。忠可以教重平夏贺良、容丘丁广世、东郡郭昌等，中垒校尉刘向奏忠可假鬼神罔上惑众，下狱治服，未断病死。贺良等坐挟学忠可书以不敬论。后贺良等复私以相教。哀帝初立，司隶校尉解光亦以明经通灾异得幸，白贺良等所挟忠可书。事下奉车都尉刘歆，歆以为不合五经，不可施行。而李寻亦好之，光曰："前歆父向奏忠可下狱，歆安肯通此道？"时郭昌为长安令，劝寻宜助贺良等。寻遂白贺良等皆待诏黄门，数召见，陈说"汉历中衰，当更受命。成帝不应天命，故绝嗣。今陛下久疾，变异屡数，天所以谴告人也。宜急改元立号，乃得延年益寿，皇子生，灾异息也"。哀帝信之，遂改元为太初，号曰"陈圣刘太平皇帝"。其后无效，贺良等皆下狱。

汉儒以天下为公为其理想，故言禅让，禅让说不容于世，乃有汉祚当终与汉再受命之说。王莽以元后之力得持汉柄，以复古为志，又善于收买人心，汉运既当终，天下乃天下人之天下，莽有功德，即宜受命，故士大夫皆争颂莽功德也。

元成以降，儒者以复古为事，至王莽而集其大成。王莽之摹拟古人，其为拟古以便其私，自不待论。莽初则拟霍光，继则拟伊尹，居摄则拟周公，受禅则以为舜后以承尧之后。至其政治之改革，实本于儒生之理想，未容以成败论也。成帝时令刘向校书，内府所藏与民间新得之书，皆大显于世。西汉末年之经学，于旧日所传五经家言以外，复有古学起于其间。王莽之改革，虽十之七八为今文五经家说，亦采古学，如《周官》《乐元语》二书，皆来自河间献王，非今文五经家所传，而王莽之财政则依于此。近世今文学者如康有为辈以王莽所用为古学，古文学者刘申叔以王莽所用兼采今古，遂以《周官》通《王制》，为西汉《周官》先师古说，皆非其实。

王莽改革之大者，一为禁田宅、奴婢之买卖。《食货志》莽下令曰：

> 汉氏减轻田租，三十而税一，常有更赋，罢癃咸出，而豪民侵陵，分田劫假，厥名三十，实什税五也。富者骄而为邪，贫者穷而为奸，俱陷于辜，刑用不错。今更名天下田曰王田，奴婢曰私属，皆不得买卖。其男口不满八而田过一井者，分余田与九族乡党。

犯令，法至死。其次为变更币制与五均六管之法。王莽一代之制作，隗嚣讨莽檄文已著其概。《后汉书·隗嚣传》云：

> 今略举大端，以喻吏民。盖天为父，地为母，祸福之应，各以事降。莽明知之，而冥昧触冒，不顾大忌，诡乱天术，援引史传。昔秦始皇毁坏谥法，以一二数欲至万世，而莽下三万六千岁之历，言身当尽此度。循亡秦之轨，推无穷之数。是其逆天之大罪也。分裂郡国，断截地络。田为王田，卖买不得。规锢山泽，夺民本业。造起九庙，穷极土作。发冢河东，攻劫丘垄。此其逆地之大罪也。尊任残贼，信用奸佞，诛戮忠正，覆案口语，赤车奔驰，法冠晨夜，冤

系无辜，妄族众庶。行炮烙之刑，除顺时之法，灌以醇醯，裂以五毒。政令日变，官名月易，货币岁改，吏民昏乱，不知所从，商旅穷窘，号泣市道。设为六管，增重赋敛，刻剥百姓，厚自奉养，苞苴流行，财入公辅，上下贪贿，莫相检考。民坐挟铜炭，没入钟官，徒隶殷积，数十万人，工匠饥死，长安皆臭。既乱诸夏，狂心益悖，北攻强胡，南扰劲越，西侵羌戎，东摘涉貊。使四境之外，并入为害，缘边之郡，江海之滨，涤地无类。故攻战之所败，苛法之所陷，饥谨之所夭，疾疫之所及，以万万计。其死者则露尸不掩，生者则奔亡流散，幼孤妇女，流离系虏。此其逆人之大罪也。

隗嚣所言皆为实事，原其初心亦多为善政，但行之不得法耳。中郎区博谏莽曰：

井田虽圣王法，其废久矣，周道既衰，而民不从。秦知顺民之心，可以获大利也，故灭庐井而置阡陌，遂王诸夏，讫今海内未厌其敝。今欲违民心，追复千载绝迹，虽尧舜复起，而无百年之渐，弗能行也。

王莽之立井田五均六管，皆以制兼并，为西汉今文先师之理想，行之必致纷乱，乃一定之理。王莽如欲厉然行之，则不必开衅四夷，以使外内皆乱而骚动百姓。（其时儒生见事太易，如风俗使者又奏为市无二贾，官无狱讼，邑无盗贼，野无居民，道不拾遗，男女异路之制，犯者象刑，皆是也。）莽意以为制定则天下自平，故锐思于地里，制作礼乐，讲合六经之说。公卿旦入暮出，论议连年不决，不暇省狱讼冤结民之急务。县宰缺者数年，守兼一切，贪残日甚。中郎将绣衣执法在郡国者，并乘权势，傅相举奏。又十一公士分布劝农，班时令，案诸章，冠盖相望，交错道路，召会吏民，逮捕证左，郡县赋敛，递相赇赂，白黑纷然，守阙告诉者多。莽自见前专权以得汉政，故务自揽众事，有司受成苟免。诸宝物名、帑藏、钱谷官皆宦者领之；吏民上封事书，宦官左右开发，尚书不得知。其畏备臣下如此。又好变改制度，政令烦多，当奏行者辄质问乃以从事，前后相乘，愦眊不渫。莽常御灯火，至明犹不能胜，尚书因是为奸寝事，上书待报者，连年不得去，拘系郡县者，逢赦而后出，卫卒不交代三岁矣。谷常贵，边兵二十余万人仰衣食，县官愁苦。汉代儒生以簿书期会为事诋俗吏，而王莽之政治则失之于无吏才，其失均矣。

王莽自以为既致太平，北化匈奴，东致海外，南怀黄支，惟西方未有加，乃遣中郎将平宪等多持金币诱塞外羌使献地。莽以为有东海、南海、北海郡，未有西海郡，乃以其地为西海郡。又增法五十条，犯者徙之西海，徙者以千万数，民始怨矣。怨毒未深，故刘崇、张绍举事，从者仅百余人；翟义起兵诛莽，立严乡侯刘信为天子，众十余万，亦不旋踵而灭。其后变更田制、币制，农商失业，食货俱废，民人至涕泣于市道，及坐买卖田宅奴婢铸钱，自诸侯卿大夫至于庶民抵罪者，不可胜数。出兵击匈奴，遣五威将军苗䜣、虎贲将军王况出五原，厌难将军陈钦、震狄将军王巡出云中，振武将军王嘉、平狄将军王萌出代郡，相威将军李棽、镇远将军李翁出西河，诛貉将军阳俊、讨秽将军严尤出渔阳，奋武将军王骏、定胡将军王晏出张掖，及偏裨以下百八十人，募天下囚徒丁男甲卒三十万人，转众郡委输，五大夫衣裘兵器粮食，长吏送，自负海江淮至北边，使者驰传督趣，以军兴法从事，天下骚动。复明六管之令，每一管下，为设科条，犯者罪至死，吏民抵罪者浸众。又一切调上公以下诸有奴婢者，率一口出钱三千六百，天下愈愁，盗贼起。临海瓜田仪等为盗贼，依阻会稽长州，琅邪女子吕母亦起引兵入海，其众浸多，后皆万数。莽遣使者既赦盗贼，还言：

盗贼解，辄复合。问其故，皆曰愁法禁烦苛，不得举手。力作所得，不足给贡税。闭门自守，又坐邻伍铸钱挟铜，奸吏因以愁民。民穷，悉起为盗贼。

莽大怒，免之。其或顺旨言“民骄黠当诛”，及言“时运适然，且灭不久”，莽说，辄迁之。以大司马司允费兴为荆州牧，见，问到部方略，对曰：

荆、扬之民，率依阻山泽，以渔采为业。间者，国张六管，税山泽，妨夺民之利，连年久旱，百姓饥穷，故为盗贼。兴到部，欲令明晓告盗贼归田里，假贷犁牛种食，几可以解释安集。

莽怒，免兴官。其时天下官吏以不得俸禄，并为奸利，郡尹县宰，家累千金。赤眉、力子都、樊崇等，以饥馑相聚起于琅邪，转钞略，众皆数万，数遣使者发郡国兵击之，不能克。关东饥旱数年，力子都等党众浸多，更始将军廉丹击益州不能克，征还，更遣复位。后大司马护军郭兴，庸部牧李晔，击蛮夷若豆等，太傅牺叔士孙喜清洁江湖之盗贼，而匈奴寇边甚，莽乃大募天下丁男及死罪囚吏民奴，名曰“猪突豨勇”，以为锐卒。一切税天下，吏民訾三十取一，缣帛皆输长安。令公卿以下至郡县黄绶皆保养军马，多少各以秩为差，严尤因言匈奴可且为后，先忧山东盗贼，莽大怒，乃策免尤。魏成大尹李焉与卜者王况谋，况谓焉曰：

新室即位以来，民田奴婢不得买卖，数改钱货，征发烦数，军旅骚动，四夷并侵，百姓怨恨，盗贼并起，汉家当兴。君姓李。李者征，征火也，当为汉辅。

因为焉作谶书，焉令吏写其书，吏亡告之，莽遣使者即捕焉，狱治皆死。三辅盗贼麻起，乃置捕盗都尉官，令执法谒者追击长安中，建鸣鼓攻贼幡，而使者随其后，遣太师牺仲景尚、更始将军护军王党将兵击青徐，国师和仲、曹放，助郭兴击句町，转天下谷币诣西河、五原、朔方、渔阳，每一郡以万数击匈奴。关东大饥蝗，民犯铸钱，五人相坐，没入为官奴婢，男子槛车，女子步，以铁锁琅当其颈，诣钟官以十万数，到者易其夫妇，愁苦死者什六七。孙喜、景尚、曹放等击贼不能克，军师放纵，百姓重困。初，四方皆以饥寒穷愁，起为盗贼，稍稍群聚，常思岁熟，得归乡里，众虽万数，亶称巨人从事三老祭酒，不敢掠有城邑，转掠求食，日阕而已。诸长吏牧守皆自乱斗中兵而死，贼非敢欲杀之也，而莽终不谕其故。大司马士按章豫州，为贼所获，贼送付县士，还上书具言状，莽大怒，下狱，以为诬罔，因下书责七公曰：

夫吏者，理也。宣德明恩，以牧养民，仁之道也。抑强督奸，捕诛盗贼，义之节也。今则不然。盗发不辄得，至成群党，遮略乘传宰士。士得脱者，又妄自言："我责数贼，何故为是？贼曰：'以贫穷故耳。'贼护出我。"今俗人议者率多若此。惟贫困饥寒，犯法为非，大者群盗，小者偷穴，不过二科，今乃结谋连党以千百数，是逆乱之大者，岂饥寒之谓耶？七公其严敕卿大夫、卒正、连率、庶尹，谨牧养善民，急捕殄盗贼。有不同心并力，疾恶黜贼，而妄曰饥塞所为，辄捕系，请其罪。

于是群下愈恐，莫敢言贼情者，亦不得擅发兵，由是遂不治。田况上言：

盗贼始发，其原甚微，非部吏、伍人所能禽也。咎在长吏不以为意，县欺其郡，郡欺朝廷，实百言十，实千言百。朝廷忽略，不辄督责，遂至延曼连州，乃遣将率，多发使者，传相监趣。郡县力事上官，应塞诘对，共酒食，具资用，以求斩断，不给复忧盗贼治官事。将率又不能躬率吏士，战则为贼所破，吏气浸伤，徒费百姓。前幸蒙赦令，贼欲解散，或反遮击，恐入山谷，转相告语，故郡县降贼皆更惊骇，恐见诈灭，因饥馑易动，旬日之间，更十余万人，此盗贼所以多之故也。

下江兵盛，新市朱鲔、平林陈牧等，皆复聚众，攻击乡聚。莽遣司命大将军孔仁、豫州纳言大将军严尤、秩宗大将军陈茂，击荆州，各从吏士百余人，乘传从渭入河，至华阴乃出，乘传到部募士，尤谓茂曰："遣将不与兵符，必先请而后动，是犹绁韩卢而责之获也。"世祖与兄齐武王伯升，宛人李通等，率春陵子弟数千人，招致新市、平林、朱鲔、陈牧等合攻棘阳。是时严尤、陈茂破下江兵成丹、王常等数千人，别走南阳界。汉兵得下江王常等以为助，兵击前队大夫甄阜，属正梁丘赐，皆斩之，杀其众数万人。初，京师闻青徐贼起，众数十万人，讫无文号旌旗表识，咸怪异之，好事者言岂此如古三皇无文书号谥耶？莽亦心怪，以问群臣，群臣莫对，唯严尤曰："自黄帝汤武行师，必待部曲旌旗号令，今此无有者，直饥寒群盗犬豕相聚，不知为之耳。"莽大说，群臣尽服。及后汉兵刘伯升起，皆称将军，攻城掠地，既杀甄阜，移书称说。莽闻之，忧惧，汉兵乘胜遂围宛城。初，世祖族兄圣公先在平陵，其中平林、新市、下江兵将王常、朱鲔等，共立圣公为帝，改年为更始元年，莽闻之愈恐。世祖与王常等别攻颍川，下昆阳、郾、定陵，莽闻之，遣大司空王邑驰传之洛阳，与司徒王寻发众郡兵百万，号曰"虎牙五威兵"，平定山东。邑与司徒寻发洛阳，欲至宛，道出颍川，过昆阳，昆阳时已降汉，汉兵守之。严尤、陈茂与二公会，二公纵兵围昆阳，世祖悉发郾、定陵兵数千人来救昆阳。邑、寻易之，自将万余人行阵，敕诸营皆按部毋得动，独迎与汉兵战，不利，大军不敢擅相救。汉兵乘胜杀寻，昆阳中兵出并战，邑走军乱，天风飞瓦，雨如注水，大众崩坏号呼，虎豹股栗，士卒奔走，各还归其郡邑。《成纪》，隗崔兄弟共劫大尹李育，以兄子嚣为大将军，攻杀雍州牧陈庆、安定卒正王旬，并其众，移书郡县，数莽罪恶，万于桀纣。析人邓晔子匡起兵南乡，百余人，其后众至二万余人，开武关迎汉丞相司直李松。长安旁兵四会城下，闻天水隗氏兵方到，皆争欲先入城，贪立大功卤掠之利。城中少年朱弟、张鱼恐见卤掠，趋欢并和，烧作室门，斧敬法闼。莽避火宣室前殿，火辄随之，莽就东之渐台，商人杜吴杀莽。（周寿昌曰："《三辅故事》作屠儿杜虞手杀，《东观汉记》亦作杜虞，吴、虞古字通。"）王莽之败，语其大者，一由更田制币制六管人民失业；二由法令烦苛，陷民于罪；三由外事四夷，不忧内变；四由粉饰太平，养成大患；五由防制臣下，不得发兵。

王莽末年起兵者率为流民，《后汉书·刘玄传》云：

> 王莽末，南方饥馑，人庶群入野泽，掘凫茈而食之，更相侵夺。新市人王匡、王凤为平理诤讼，遂推为巨帅，众数百人。于是诸亡命马武、王常、成丹等往从之；共攻离乡聚，臧于绿林中，数月间至七八千人。地皇二年，荆州牧某发奔命二万人攻之，匡等相率迎击于云杜，大破牧军，杀数千人，尽获辎重，遂攻拔竟陵。转击云杜、安陆，多略妇女，还入绿林中，至有五万余口，州郡不能制。三年，大疾疫，死者且半，乃各分散引去。王常、成丹西入南郡，号下江兵；王匡、王凤、马武及其支党朱鲔、张卬等北入南阳，号新市兵，皆自称将军。七月，匡等进攻随，未能下。平林人陈牧、廖湛复聚众千余人，号平林兵，以应之。

此新市、平林、下江之始也。《刘盆子传》云：

琅邪人樊崇起兵于莒，众百余人，转入太山，自号三老。时青、徐大饥，寇贼蜂起，众盗以崇勇猛，皆附之，一岁间至万余人。崇同郡人逄安，东海人徐宣、谢禄、杨音，各起兵，合数万人，复引从崇。共还攻莒，不能下，转掠至姑幕，因击王莽探汤侯田况，大破之，杀万余人，遂北入青州，所过虏掠。还至太山，留屯南城。初，崇等以困穷为寇，无攻城徇地之计。众既浸盛，乃相与为约：杀人者死，伤人者偿创。以言辞为约束，无文书、旌旗、部曲、号令。其中最尊者号三老，次从事，次卒吏，泛相称曰巨人。王莽遣平均公廉丹、太师王匡击之。崇等欲战，恐其众与莽兵乱，乃皆朱其眉以相识别，由是号曰赤眉。

此赤眉之起也。《任光传》云：

城头子路者，东平人，姓爰，名曾，字子路，与肥城刘诩起兵卢城头，故号其兵为“城头子路”。曾自称“都从事”，诩称“校三老”，寇掠河、济间，众至二十余万。更始立，曾遣使降，拜曾东莱郡太守，诩济南太守，皆行大将军事。是岁，曾为其将所杀，众推诩为主，更始封诩助国侯，令罢兵归本郡。力子都者，东海人也。起兵乡里，钞击徐、兖界，众有六七万。更始立，遣使降，拜子都徐州牧。为其部曲所杀，余党复相聚，与诸贼会于檀乡，因号为檀乡。

此城头子路、力子都之兵也。其余别号诸贼铜马、大彤、高湖、重连、铁胫、大枪、尤来、上江、青犊、五校、五幡、五楼等，谅亦类此。自更始建号以来，天下皆知王莽之必亡，于是据地自保，冀图帝制者，乃相率而起。光武起兵一岁而王莽就戮，即位十三年而后削平群盗，以其皆欲帝制自为也。群盗之起，初皆甚微少，顷即至数十万，非皆饥民，以寇盗所在钞掠，故迫胁而为盗耳。光武诸将虽较群盗为愈，《后汉书》所记钞掠之事，亦复不少。《寇恂传》云："执金吾贾复在汝南，部将杀人于颍川，恂捕得系狱。时尚草创，军营犯法，率多相容，恂乃戮之于市。复以为耻。"《冯异传》云："吴汉军所过多侵暴。"《任光传》云："汉兵至宛，军人见光冠服鲜明，令解衣，将夺而杀之。"《李忠传》云："世祖会诸将，问所得财物，唯忠独无所掠。"可见虏掠为普遍现象。《朱祐传》云："又禁制士卒不得虏掠百姓，军人乐放纵，多以此怨之。"《冯异传》云："兵食稍盛，乃稍诛豪杰不从令者。"禁止虏掠则遭怨，兵食稍盛，然后敢申军法，其时之情况为何如耶？《任光传》云："世祖曰：'卿兵少，如何？'光曰：'可募发奔命，出攻旁县，若不降者，恣听掠之。人贪财物，则兵可招而致也。'世祖从之。"可见虏掠之风不专为兵食，即兵食有余，虏略亦难免，王者之师与群盗何以异哉！

十一　光武上

《后汉书·王常传》云：

常大悟，曰："王莽篡弑，残虐天下，百姓思汉，故豪杰并起。今刘氏复兴，即真主也。诚思出身为用，辅成大功。"

又云：

常心独归汉，乃稍晓说其将帅曰："往者成、哀衰微无嗣，故王莽得承间篡位。既有天下，而政令苛酷，积失百姓之心，民之讴吟思汉，非一日也，故使吾属因此得起。夫民所怨者，天所去也；民所思者，天所与也。举大事必当下顺民心，上合天意，功乃可成。若负强恃勇，触情恣欲，虽得天下，必复失之。以秦、项之势，尚至夷覆，况今布衣相聚草泽？以此行之，灭亡之道也。今南阳诸刘举宗起兵，观其来议事者，皆有深计大虑，王公之才，与之并合，必成大功，此天所以佑吾属也。”

《窦融传》云：

融等于是召豪杰及诸太守计议，其中智者皆曰：“汉承尧运，历数延长。今皇帝姓号见于图书，自前世博物道术之士谷子云、夏贺良等，建明汉有再受命之符，言之久矣，故刘子骏改易名字，冀应其占。及莽末，道士西门君惠言刘秀当为天子，遂谋立子骏。事觉被杀，出谓百姓观者曰：‘刘秀真汝主也。’皆近事暴著，智者所共见也。”

前者依于人心，后者托于天道。两种议论，累见于史传。王莽信鬼神，造符命，以佐成篡事，即位之后，伪造符命者犹不止。王莽知其足以危害于己，曾禁之。风气既成之后，厌莽思汉者，复造图书，以谓刘氏当兴，或直谓刘秀起兵讨不道，故光武应运而兴。然当时刘氏子起兵，与伪托刘氏伪造图书者甚众，皆欲为光武之所为，而卒归于扑灭，知光武之光复旧物，自有其道，又不系于此矣。

世祖光武，为高祖九世孙，出自景帝子长沙定王发。长兄齐武王縯，字伯升，性刚毅，慷慨有大节，自王莽篡汉，常愤愤怀复社稷之虑，不事家业，倾身破产，交接天下雄俊。光武性勤于稼穑，伯升常非笑光武，比之高祖兄仲。莽末群盗起，南方尤甚，伯升召诸豪杰计议曰："王莽暴虐，百姓分崩。今枯旱连年，兵革并起，此亦天亡之时，复高祖之业，定万世之秋也。"众皆然之。于是分遣亲客，使邓晨起新野，光武与李通、李轶起于宛，自发舂陵子弟合七八千人，部署宾客，自称柱天都部。（《光武本纪》谓光武卖谷于宛，宛人李通以图谶说光武。《李通传》谓光武与伯升起事初不相知，此《本纪》欲明光武初无意于天下，而《李通传》则欲崇李通之功。《齐武王传》谓光武起宛与伯升通谋，殆近事实。《本纪》言诸家宾客为小盗，光武避吏新野，《董宣传》阳湖公主曰："文叔为白衣时，藏亡匿死，吏不敢至门。"《晋书·张载传》云："光武，舂陵之侠客。"史家言光武之谨愿，皆即位后所文饰。）使宗室刘嘉往诱新市、平林兵，遂进棘阳，与王莽前队大夫甄阜、属正梁丘赐战于小长安，汉军大败，还保棘阳，复说下江兵共破阜、赐军。伯升又破莽纳言将军严尤、秩宗将军陈茂于淯阳，进围宛城。时汉兵已十余万，无所统率，因立刘玄为帝，建元更始，刘玄初为平林陈牧安集掾，号更始将军故也。更始既立，王莽始大惧，大举讨汉，遂有昆阳之战，莽之精锐尽丧。新市、平林诸将忌伯升兄弟威名，李轶、宋鲔等劝更始杀伯升。光武闻之，自父城驰诣宛谢，司徒官属迎吊，光武难交私语，引过而已，未尝伐昆阳之功，又不敢为伯升发丧。更始惭，拜光武为破虏大将军，封武信侯。莽军败于昆阳，军旅丧于外，大臣生变于内，人皆知其必亡，三辅豪杰起而诛莽，传首诣宛。更始将北都洛阳，以光武行司隶校尉，使前整修宫府，于是致僚属，作文移，从事司察，一如旧章。时三辅吏士东迎更始，见诸将过，皆冠帻而服妇人衣，诸于绣镼，莫不笑之，或有畏而走者；及见司隶僚属皆欢喜不自胜，老吏或垂涕曰："不图今日复见汉官威仪。"由是识者皆属心焉。及更始至洛阳，乃遣光武以破虏将军行大司马事，持节北度河，镇慰州郡，所到郡县，辄见二千石长吏三老官属，下至佐史，考察黜陟，如州牧行部事，辄平遣囚徒，除王莽苛政，复汉官名，吏人喜悦，争持牛酒迎劳。光武于昆阳之战已大著威名，安抚河北，又能改莽之政，复汉之旧，以慰吏民思汉之心，豪杰之士皆知其可以立大功而思委命焉。

方光武之至河北也，南阳邓禹杖策追光武及于邺。光武曰："我得专封拜，生远来，宁欲仕乎？"禹曰："不愿也。"光武曰："即如是，欲何为？"禹曰："但愿明公威德加于四海，禹得效其尺寸，垂功名于竹帛耳。"光武笑，因留宿闲语。禹进说曰：

> 今山东未安，赤眉、青犊之属，动以万数。更始既是常才，而不自听断，诸将皆庸人崛起，志在财币，争用威力，朝夕自快而已，非有忠良明智，深虑远图，欲尊主安民者

也。历观往古圣人之兴，二科而已，天时与人事也。今以天时观之，更始既立，而灾变方兴。以人事观之，帝王大业，非凡夫所任，分崩离析，形势可见。明公虽建藩辅之功，犹恐无所成立也。况明公素有盛德大功，为天下所向服，军政齐肃，赏罚明信。为今之计，莫如延揽英雄，务悦民心，立高祖之业，救万民之命。以公而虑，天下不足定也。

光武大悦，因令禹宿止于中，与定计议，每任使诸将，多访于禹，皆当其才。冯异亦劝光武分遣官属，巡行郡邑，宣布惠泽。巡行河北以后，光武始卓然有异于群盗，为王业之始基，邓禹、冯异之谋也。

其时故赵缪王子林诈以卜者王郎为成帝子子舆，立郎为天子，都邯郸，遣使者降下郡邑，购光武十万户。光武令王霸至市中募人，将以击郎，市人皆大笑，举手邪揄之，霸惭懅而还，仓皇而遁。行及呼沱河，以冰合得过，乃之信都。其时惟信都为汉守，太守任光等孤城独守，恐不能全，闻光武至大喜，吏民皆称万岁。上谷太守耿况，渔阳太守彭宠，各遣其将吴汉、寇恂等将兵来助。上谷、渔阳为天下精兵处，光武得之，兵势遂振，故光武称耿况子弇为北道主人。光武之平群盗，突骑之力为多。更始亦遣尚书仆射躬谢率军讨王郎，光武与合兵围巨鹿，寇恂、吴汉纵突骑击王郎军大败之。光武曰："吾闻突骑天下精兵，今见其战，乐可言耶？"

耿纯言于光武曰：“久守巨鹿，士众疲弊，不如及大兵精锐进攻邯郸，若王郎已诛，巨鹿不战自服矣。”光武从之，遂拔邯郸，郎夜亡走，王霸追斩之。更始遣侍御使持节立光武为萧王，悉令罢兵诣行在，光武辞以河北未平不就征，自是始贰于更始。是时更始迁长安，政乱，四方背叛，梁王刘永擅命睢阳，公孙述称王巴蜀，李宪自立为淮南王，秦丰自号楚黎王，张步起琅邪，董宪起东海，延岑起汉中，田戎起夷陵，窦融保张掖、金城、武威、酒泉、敦煌，隗嚣据天水，安定、北地、陇西，并置将帅，侵略郡县，又别号铜马、大彤、高湖、重连、铁胫、大枪、尤来、上江、青犊、五校、檀乡、五幡、五楼、富平、索获诸贼，各领部曲，众合数百万人。由王莽时社会经济既已变动，人民生计不安，故铤而走险，加以寇贼钞掠，从乱者益多。以光武所降之贼考之，铜马贼数百万降之河北，刘茂十余万降之京密，朱鲔三十万降之洛阳，檀乡十万降之邺东，五校五万降之羛阳，孙登五万降之河北，赤眉先后降者无算，其东归之余尚十余万人降之宜阳，吴汉降青犊，冯异降延岑、张邯之众，盖延降刘永之余，王常降富平、索获四万余人，耿弇降张步之卒十余万。光武所值群盗皆无能为，取天下不足，乱天下有余。光武之功不难于灭王莽，而难于定群盗；不难于攻城野战，而难于安抚怀集之。故光武之定群盗，军事与政治并用，迁延至十余年之久，大难始平，小盗犹时起。建武十六年幽国大姓及兵长群盗处处并起，攻劫在所，害杀长吏，郡县追讨，到则解散，去复屯结，青、徐、幽、冀四州尤甚，无他，人民之生计未复原耳。

光武既除王郎，欲击余盗，乃拜吴汉、耿弇俱为大将军，发幽州十郡突骑击铜马于鄡，铜马食尽夜遁，追击于馆陶，大破之，受降未尽，复与大战于蒲阳，悉破降之。河南太守韩歆降，光武将北徇燕赵，度赤眉必破长安，又欲乘衅并关中，而未知所寄，乃拜邓禹为前将军，中分麾下精兵二万人遣西入关。时朱鲔、李轶、田立、陈侨将兵号三十万与河南太守武勃共守洛阳，鲍永、田邑在并州，光武以河内险要富实而难其守，邓禹举寇恂，乃拜恂河内太守，光武谓恂曰："昔高祖留萧何关中，吾今委公以河内，当给足军粮，率励士马，防遏他兵，勿令北度而已。"拜冯异为孟津将军，统魏郡河内兵于河上，以拒洛阳。邓禹西行，光武北征，寇恂调糇粮、治器械以供军，未尝乏绝。光武北击尤来、大枪、五幡等贼，北方底定。冯异遗李轶书为陈祸福，轶自与异通书之后，不复与异争锋，故异得北攻天井关，拔上党两城，又南下河南、成皋以东十三县，降者十余万，又斩武勃。朱鲔使人刺杀李轶，由是洛阳城中乖离，朱鲔将度河击温，寇恂大破之，冯异亦度河击朱鲔，自是洛阳振恐。异、恂移檄上状，诸将入贺，因上尊号，其后复上尊号，光武皆不听。行到南平棘，诸将复固请之，耿纯进曰："天下士大夫，捐亲戚，弃土壤，从大王于矢石之间者，其计固望攀龙鳞、附凤翼，以成其所志。"会同舍生强华自关中奉赤伏符来，光武即位于鄗南，改元建武。诸将围朱鲔于洛阳，数月朱鲔降，光武入洛阳，遂定都焉。

赤眉、樊崇等西入长安，奉刘盆子为帝，更始降赤眉，后为所杀。刘盆子居长乐宫，三辅郡县营长遣使供献，兵士辄剽夺之。又数暴掠吏民，由是皆复固守。闻邓禹乘胜独克，而师行有纪，皆望风而降，降者日以千数，众号百万。诸将豪杰皆劝禹径攻长安，禹不可。长安城中粮尽，赤眉乃大收珍宝，纵火焚宫室市里，恣行杀戮，引兵而西，遂入安定，邓禹入长安。赤眉欲西上陇，隗嚣遣将军杨广迎击破之，乃复还，发掘汉陵，取其宝货，邓禹遣兵击之，反为所败。禹乃出之云阳，赤眉复入长安。邓禹自冯愔叛后，威名稍损，又乏粮食，战数不利，归附者日益离散，赤眉、延岑暴乱，三辅郡县大姓各引兵众，禹不能定。光武乃遣大将军冯异代禹讨之，谓异曰："征伐非必略地屠城，要在平定安集之耳。"三辅大饥，赤眉虏掠无所得，引而东归，光武遣破奸将军侯进屯新安，建威将军耿弇等屯宜阳，以要其归路。冯异大破赤眉于渑池，余众东向宜阳，光武严陈以待之，惊震不知所谓，乃请降。还自宜阳，令樊崇等各与妻子居洛阳，其后樊崇、侯安反诛，杨音、徐宣卒于乡里，以刘盆子为赵王郎中。赤眉虽平，关中余盗犹众，延岑、王歆、芳丹、蒋震、张邯、公孙守、杨周、吕鲔、角闳、盖延、任良、汝章等，各称将军，多者万余，少者数千，惟吕鲔、张邯、蒋震降蜀，余悉平定，褒赏降附，有功劳者，悉遣其渠帅诣京师，散其众归本业，威行关中。

山东诸贼亦以次平定，耿弇定张步，盖延定刘永，朱佑定秦丰，吴汉定董宪，庞萌、马成定李宪，彭宠反渔阳，亦旋平之。六年之间，群盗略定，声教所不及者，陇、蜀而已。光武积苦兵间，以隗嚣遣子入侍，公孙述远据西垂，乃谓诸将曰："且当置此两子于度外耳。"河西、窦融前已归命，隗嚣失助，马援因言隗嚣将士有土崩之势，兵进有必破之状，又于帝前聚米为山谷指画形势，开示众军所从，道径往来，分析曲折，昭然可晓。光武曰："虏在吾目前也。"先后遣将攻嚣，九年嚣败死。岑彭之破田戎拔夷陵也，以将来必伐蜀，而夹谷少水，险难漕运，留威虏将军冯骏军江州，都尉田鸿军夷陵，领军李玄军夷道，自引兵还屯津乡，当荆州要会，喻告诸夷蛮降者，奏封其君长，于是方城以南至于交趾，江南之珍，始流通焉。十一年彭与吴汉、刘隆、臧宫、刘歆发南阳、武陵、南郡兵，又发桂阳、零陵、长沙委输棹卒凡六万余人，骑五千匹，皆会荆门伐蜀。彭进军径拔武阳，去成都数十里，势若风云。公孙述使刺客刺岑彭，来歙与盖延、马成进攻公孙述，歙亦为述客所刺杀。吴汉与述战于广都、成都之间，八战八克，遂军于其郭中。述自将数万人出战，汉使护军高午、唐邯将数万锐卒击之。述兵败走，高午奔陈刺述杀之，西蜀遂定。

十二　光武下

光武之得天下与高祖异。古无匹夫而为天子之事，韩、彭之视高祖，犹侪辈耳；光武之起即凭人心思汉之势，以宗室中兴，此其大异于高祖一也。光武即位于群雄并峙之时，君臣之位素定，非如高祖于天下大定后诸侯尊之为天子，此其大异于高祖二也。汉初去战国未远，人人不忘六国之事；光武诸将所封不过大县数四，衣食租税，无地可资以为叛逆，（贾谊云："曩令樊、郦、绛、灌据数十城而王，今虽以残亡可也；令信、越之伦列为彻侯而居，虽至今在可也。"）此其大异于高祖三也。光武之得保全功臣，形势本与西汉不同，称美光武君臣者过也。功臣任职，本为西汉初年之弊政，以诸将与高祖共图天下，未能去之，光武不以功臣任职，非光武一人之私见，乃识者所共见。郑兴上疏云："道路流言，咸曰陛下若用功臣，功臣用则人位缪矣。"言光武之不以功臣任职，乃矫前汉之失。《马武传》云：

帝后与功臣讌语，从容言曰：“诸卿不遭际会，自度爵禄何所至乎？”高密侯邓禹先对曰：“臣少尝学问，可郡文学博士。”帝曰：“何言之谦乎？卿邓氏子，志行修整，何为不掾功曹。”余各以次对，至武，曰：“臣以武勇，可守尉督盗贼。”帝笑曰：“且勿为盗贼，自致亭长，斯可矣。”武为人嗜酒，阔达敢言，时醉在御前面折同列，言其短长，无所避忌，帝故纵之，以为笑乐。帝虽制御功臣，而每能回容，宥其小失。远方贡珍甘，必先遍赐列侯，而太官无余。有功，辄增邑赏，不任以吏职，故皆得保其福禄，终无诛谴者。

《贾复传》云：

复知帝欲偃干戈，修文德，不欲功臣拥众京师，乃与高密侯邓禹并剽甲兵，敦儒学，帝深然之。

又云：

是时，列侯惟高密、固始、胶东三侯与公卿参议国家大事，恩遇甚厚。

邓禹、李通、贾复皆南阳人，因得参议国事，光武之忌刻功臣可见也。冯异、寇恂新立大功，即自忧惧；耿弇平齐之后，即无尺寸之功；当时诸将惟马援雄才大略，差与光武相拟。光武言伏波论兵与我意合，而马援以贪功不止，因此见忌，光武以惩于西汉之祸而防之深密也。

又光武之遇降将亦与高祖异，高祖之时所与为敌者乃项羽，高祖厚遇降将，所以弱项羽之势。光武所遇群盗耳，本无能为，故光武于降将无尺土之封。《王昌传》云："威请求万户侯。（杜威然王郎请。）光武曰：'顾得全身可矣。'"《刘盆子传》云："乃遣刘恭乞降曰：'盆子将百万众降，陛下何以待之？'帝曰：'待汝以不死耳。'乃令各与妻子居洛阳，（赤眉诸帅。）赐宅人一区，田二顷。其余降卒则使之还复民伍。"《冯异传》云："褒赏降附有功劳者，悉遣其渠帅诣京师，散其众归本业。（关中诸贼。）"《耿弇传》云："勒兵入据其城，树十二郡旗鼓，令步兵各以郡人诣旗下，众尚十余万，辎重七千余两，皆罢遣归乡里。"

光武于建武元年即位鄗南，十三年平公孙述，法物始备。光武既以兴复汉室相号召，故其制度多依西汉之旧，其所变革者不过数事。一曰省官省县。建武六年诏曰："夫张官置吏，所以为人也。今百姓遭难，户口耗少，而县官吏职所置尚繁，其令司隶、州牧各实所部，省减吏员。县国不足置长吏可并合者，上大司徒、大司空二府。"于是条奏并省四百余县，吏职减损，十置其一。（《本纪》建武十三年云："时兵革既息，天下少事，文书调役，务从简寡，至十存一焉。”省事与省官相因而至，不能省事，则不能省官。）二曰罢郡国都尉。建武六年初罢郡国都尉官，七年诏曰：“今国有众军，并多精勇，宜且罢轻车骑士材官楼船及军假吏。”三曰断州牧自还奏事，事在建武十一年。（罢郡国兵则集兵权于中央，断州牧自还奏事，则中央派遣之刺史由监察官变为行政官，地方行政由二级制变为三级制，太守之权遂轻于西汉。）四曰增吏禄。建武二十六年诏有司增百官俸，其千石以上减于西京旧制，六百石以下增于旧秩。（西京惟六百石以上有罪先请，建武三年诏吏不满六百石下至墨绶长相有罪先请。）此四者为光武之改制。

光武起自民间，被服儒业，知天命之无常，故建武七年诏上书不得言圣，十九年自谓天下重器，常恐不任，日复一日，安敢远期十年，其小心翼翼如此。《循吏传》言其身衣大练，色无重彩，耳不听郑卫之音，手不持珠玉之玩，宫房无私爱，左右无偏恩。建武十三年异国有献名马者，日行千里。又进宝剑，贾兼百金，诏以马驾鼓车，剑赐骑士，损上林池籞之官，废聘望弋猎之事，其以手迹赐方国者，皆一札十行细书成文，勤约之风，行于上下，光武之敬事爱民，略可知也。东汉初年之政治无急于田宅奴婢，王莽以禁田宅奴婢不得买卖致乱，光武中兴当有所省改。建武十五年诏下州郡检核垦田顷亩及户口年纪，又考实二千石长吏阿枉不平者，河南尹张伋及诸郡守十余皆下狱死。《刘隆传》云：

> 是时，天下垦田多以不实，又户口年纪互有增减。十五年，诏下州郡检核其事，而刺史太守多不平均，或优饶豪右，侵刻羸弱，百姓嗟怨，遮道号呼。时诸郡各遣使奏事，帝见陈留吏牍上有书，视之，云“颍川、弘农可问，河南、南阳不可问”。帝诘吏由趣，吏不肯服，抵言于长寿街上得之。帝怒。时显宗为东海公，年十二，在幄后言曰：“吏受郡敕，当欲以垦田相方耳。”帝曰：“即如此，何故言河南、南阳不可问？”对曰：“河南帝城，多近臣，南阳帝乡，多近亲，田宅逾制，不可为准。”帝令虎贲将诘问吏，吏乃实首服，如显宗对。于是遣谒者考实，具知奸状。明年，隆坐征下狱，其畴辈十余人皆死。帝以隆功臣，特免为庶人。

当时实施之法虽不可知，以王莽大乱之后，占田当有限制，若豪右占田太多，则不足以安置贫民，此事杀刺史太守十余人，郡国大姓兵长群盗处处并起，其严重可知也。于奴婢则解放之。建武二年诏曰：“民有嫁妻卖子欲归父母者，恣听之。敢拘执，论为律。”六年诏王莽时吏人没入为奴婢（官奴婢）不应旧法者，皆免为庶人。七年诏曰：“吏人遭饥乱及为青、徐贼所略为奴婢下妻，欲去留者，恣听之。敢拘制不还，以卖人法从事。”十二年诏陇、蜀民被略为奴婢自讼者，乃狱官未报，一切免为庶民。十三年诏益州民自八年以来被略为奴婢者，皆一切免为庶民；或依托为人下妻，欲去者，恣听之；敢拘留者，比青、徐二州以略人法从事。十四年诏益、凉二州奴婢，自八年以来自讼在所官，一切免为庶民，卖者无还直。十一年诏曰：“天地之性人为贵。其杀奴婢，不得减罪。”又诏曰：“敢灸灼奴婢，论如律，免所灸灼者为庶民。”诏除奴婢射伤人弃市律。是光武虽承认奴婢制度，于不合法之奴婢则免之，于奴婢之身体则加以保护，于施于奴婢不平等之法律则除之，虽不如王莽之废除奴婢制，于奴婢之保护则优于前也。（光武之田制虽无明文，以此拟之，当亦承认私有田产，而加以限制也。）丧乱以来，多所滥枉，光武中兴，故解放系囚。建武五年诏曰：“其令中都官、三辅、郡、国出系囚，罪非犯殊死一切勿案，见徒免为庶人。”七年诏中都官、三辅、郡、国出系囚，非犯殊死，皆一切勿案其罪，见徒免为庶人。耐罪亡命，吏以文除之。解释系囚，乃与民更新之意，虽关系不及田宅奴婢之大，亦安民之要务也。

《循吏传》云：

光武长于民间，颇达情伪，见稼穑艰难，百姓病害，至天下已定，务用安静，解王莽之繁密，还汉世之轻法。……

数引公卿郎将，列于禁坐。广求民瘼，观纳风谣。故能内外匪懈，百姓宽息。自临宰邦邑者，竞能其官。若杜诗守南阳，号为“杜母”，任延、锡光移变边俗，斯其绩用之最章章者也。又第五伦、宋均之徒，亦足有可称谈。

《酷吏传》云：“自中兴以后，科网稍密，吏人之严害者，方于前世省矣。”是光武不仅能以循吏养民，且能以文法防止官吏也，而《循吏传》又云：

建武、永平之间，吏事刻深，亟以谣言单辞，转易守长。故朱浮数上谏书，箴切峻政，钟离意等亦规讽殷勤，以长者为言，而不能得也。所以中兴之美，盖未尽焉。

在此之吏事刻深，即《酷吏传》之科网繁密，一以为善，一以为不善，何哉？此由不知驭吏与治民之分耳。欲求安民，必严吏治，此实无可奈何，俗儒不察，故宣帝、光武皆蒙讥焉。（光武之重循吏，范晔亦知之，其论曰：“建武之初，雄豪方扰，虓呼者连响，婴城者相望，斯固倥偬不暇给之日。卓茂断断小宰，无它庸能，时已七十余矣，而首加聘命，优辞重礼，其与周、燕之君表闾立馆何异哉？”）经王莽大乱之后，而能致升平者，非光武勤于吏事之效欤？

光武自建武六年即不欲用兵，其时隗嚣、公孙述犹未平，且欲置之度外，何暇于四夷，此由王莽改制以来，社会大变，民不安业，起为群盗，不安辑之，则旋灭旋起，祸患靡止。《西域传》云：“建武中，皆遣使求内属，愿请都护。光武以天下初定，未遑外事，竟不许之。”（永平中始置都护。）其后屡绝屡通。其不贪边功可知也。西羌旧在凉州，与汉人杂处，置护羌校尉以领之，光武从班彪之言，复以牛邯为护羌校尉，邯卒而职省。建武十年先零寇金城、陇西，遣中郎将来歙大破之。十一年先零复寇临洮，陇西太守马援破降之，徙置天水、陇西、扶风三郡。十二年武都参狼羌反，援又破降之，西羌在光武之世，未为大害也。匈奴与彭宠相结，复立卢芳，使居五原，共侵北边，建武九年命吴汉击之，经岁无功，匈奴转盛。十三年遂寇河东，于是徙幽、并边人于常山关、居庸关以东，匈奴左部遂转居塞内，乃增缘边兵郡数千人，大筑亭候修烽火，匈奴入寇日深，二十年遂至上党、扶风、天水。二十一年复寇上谷、中山，北边无复宁岁。会匈奴旱蝗，赤地数千里，草木尽枯，乃遣使诣渔阳求和亲。二十四年款五原塞，愿永为藩蔽，扞御北虏。（据《本纪》徙雁门、代郡、上谷三郡民置常山、居庸关以东在十五年，修烽燧、筑亭候在十二年，《匈奴传》倒置。）乌桓、鲜卑皆与匈奴为寇，抄掠北边，自匈奴款塞，乌桓大人郝旦等于建武二十五年率众向化，鲜卑大人于仇贲、满头等率种人诣阙朝贺，慕义内属。光武报臧宫、马武书曰：“舍近谋远者劳而无功。舍远谋近者逸而有终，逸政多忠臣，劳政多乱人。故曰务广地者荒，务广德者强，有其有者安，贪人有者残，残灭之政，虽成必败。”光武之不务边功，于其利害之际，筹之熟矣。

光武之政有最为人诟病者，曰不任三公，政归台阁。仲长统《法诫篇》曰：

> 光武皇帝愠数世之失权，忿强臣之窃令，矫枉过直，政不任下，虽置三公，事归台阁，自此以来，三公之职，备员而已。然政有不理，犹加谴责，而权移外戚之家，宠被近习之竖。

清人华湛恩《后汉三公年表序》益推演之，此不可以不辨也。西汉之有强臣，自霍光始。台阁者，尚书也。自霍光以来，强臣执汉柄者，有不领尚书乎？光武惧大臣之专，故不以三公录尚书，东汉录尚书为章帝以后之事。尚书为政事之本，犹清代之军机处。武帝以后之尚书，犹武帝以前之御史。西汉初年相臣皆起军功，专朝政，故御史为丞相之副，如此制度，天子为虚位也。武帝以后，尚书起而代之，武帝之尚书即中书，故又称中尚书。霍光时代中书、尚书并置，以至成帝时，皆有中书、尚书之争。自成帝罢中书，王凤以至王莽皆录尚书，以尚书为政事之本，执政者非录尚书不可也。《汉书·龚胜传》云：

> 先是，常又为胜道高陵有子杀母者。胜白之，尚书问："谁受？"对曰："受夏侯常。"尚书使胜问常。

《王莽传》云：

> 太后诏尚书具其事。太后令尚书令恂诏之曰："诏尚书诸发兵符节，百官奏事，中黄门、期门兵皆属莽。"……诏尚书勿复受公之让奏。

西汉末年之尚书，非西汉初年之御史乎？是则政归台阁为霍光以来之事，《王莽传》言莽之独揽众事，则云尚书不得知，是尚书之重，西汉已如此也。光武初年以邓禹为大司徒，司徒即丞相之职，邓禹置身戎行，不关政务，乃以伏湛为司直行大司徒事，此政在三公之证也。《宋弘传》云："弘在位五年，坐考上党太守无所据，免归第。"《赵憙传》云："坐考中山相薛修事不实免。"此非建武、永平之世政在三公之证乎。光武责三公以吏事，故不使功臣任职。《侯霸传》云："后千乘欧阳歙、清河戴涉，相代为大司徒，坐事下狱死，自是大臣难居相任。其后河内蔡茂、京兆玉况、魏郡冯勤，皆得薨位。"（《冯勤传》云："先是三公多以罪退，帝贤勤，欲令以善自终。"）则光武之三公非无所职明矣。仲长统生于汉末，习见权臣擅政，三公徒拥虚名之事，遂以为光武之制，故曰三公之职备员而已。又曰："然政有不理，犹加谴责。"三公既是备员，复加以谴责，岂人情乎？光武之不以三公录尚书，乃内外相持之道，三公行政，天子亦知政事，既非如宣元时代之中书专政，（以内制外。）亦不如汉初之以御史副丞相，与霍光以来以大臣领尚书也。（以外制内。）权臣、外戚、宦官之祸，乃君主制度下必有之祸，人君操天下之柄，非英明之主必有窃之者，不在此则在彼，故法家重主术，然无使术必行之术。仲长统之论，乃发愤之言，归罪光武，失其实矣。

十三　明帝章帝

明章两帝皆东汉守文之令主，而性尚则殊。《明帝纪论》曰：

> 明帝善刑理，法令分明。日晏坐朝，幽枉必达。内外无幸曲之私，在上无矜大之色。断狱得情，号居前代十二。故后之言事者，莫不先建武、永平之政。而钟离意、宋均之徒，常以察慧为言，夫岂弘人之度未优乎？

《章帝纪论》曰：

> 魏文称：“明帝察察，章帝长者。”章帝素知人厌明帝苛切，事从宽厚。感陈宠之义，除惨狱之科；深元元之爱，著胎养之令。奉承明德太后，尽心孝道。割裂名都，以崇建周亲。平徭简赋，而人赖其庆。又体之以忠恕，文之以礼乐。故乃蕃辅克谐，群后德让。谓之长者，不亦宜乎！

明帝遵奉建武制度，无敢遗失，故以建武、永平并称。光武以吏事责三公，三公多以罪退，明帝时三公九卿以罪罢免赐死者尤多。永平三年太尉赵憙、司徒李䜣免，四年司徒郭丹、司空冯鲂免，陵乡侯梁松下狱死，十一年司隶校尉郭霸下狱死，十二年司隶校尉王康下狱死，十三年河南尹薛昭下狱死，十四年司徒虞延自杀，十六年司徒邢穆、驸马都尉韩光坐事下狱死，其著者也。光武防制功臣，卒能保全功臣，明帝防制宗藩，而楚王英之狱，牵累者多，则宾客为之也。永平十三年楚王英与方士作金龟玉鹤，刻文字为符瑞，男子燕广告英与渔阳王平、颜忠等造作图书，有逆谋，事下案验，有司奏英大逆不道，请诛之，帝以亲亲不忍。十一月废英徙丹阳泾县。十四年楚王英至丹阳自杀，诏以诸侯礼葬于泾，封燕居为折奸侯。是时穷治楚狱，遂至累年，其辞语相连，自京师亲戚，诸侯豪杰，及考案吏阿附，坐死徙者以千数，而系者尚数千人。英阴疏天下名士，明帝得其录，有吴郡太守尹兴名，乃征兴及掾史五百余人诣廷尉就考，诸吏不胜掠治死者大半，惟门下掾陆续、主簿梁宏、功曹史驷勋，备受五毒，肌肉消烂，终无异辞。续母自吴来洛阳，作食以馈续，续虽见考，辞色未尝变，而对食悲泣不自胜，治狱使者问其故，续曰："母来不得见，故悲耳。"问："何以知之？"续曰："母截肉未尝不方，断葱以寸为度，故知之。"使者以状闻，明帝乃赦兴等，禁锢终身。颜忠、王平辞引隧乡侯耿建、朗陵侯臧信、护泽侯邓鲤、曲成侯刘建，建等辞未尝与忠等相见。是时明帝怒甚，吏皆惶恐，诸所连及，率一切陷入，无敢以情恕者。侍御史寒朗心伤其冤，试以建等物色独问忠、平，而二人错愕不能对，朗知其诈，乃上言建等无奸状，专为忠、平所诬，疑天下无辜类多如此。袁安迁楚郡太守，到郡不入府，先往按楚王英狱事，理其无明验者，条上出之，府承掾史皆叩头争，以为阿附反虏，法与同罪，不可。安曰："如有不合，太守自当坐之，不以相及也。"遂分别具奏。帝感悟，得出者四百余家。章帝即位，坐楚事禁锢者始解。章帝问司徒鲍昱何以消复旱灾，对曰：

> 今陛下始践天位，刑政未著，如有失得，何能致异？但臣前为汝南太守，典理楚事，系者千余人，恐未能尽当其罪。先帝诏言，夫大狱一起，冤者过半。又诸徒者骨肉离分，孤魂不祀。宜一切还诸徙家属，蠲除禁锢，死生获所。如此，和气可致。

帝纳其言。马援谓司马吕种曰：

> 建武之元，名为天下重开。自今以往，海内日当安耳。但忧国家诸子并壮，而旧防未立，若多通宾客，则大狱起矣。卿曹戒慎之！

及郭后薨，有上书者以为肃等受诛之家客因事生乱，虑致贯高、任章之变，光武怒，乃下郡县收捕诸子宾客，更相牵引，死者已千数。建武时禁网尚疏，诸王皆在京师，竞修名誉，争礼四方宾客。寿光侯刘鲤，更始子也，得幸于沛王辅，鲤怨刘盆子害其父，因辅结客报杀盆子兄故式侯恭，辅坐系诏狱，三日乃得出。自是后诸王宾客多坐刑罚，各循法度。是光武末年已严侯宾客之禁，至明帝时益加甚耳。明帝之忌刻，由刘睦之事而知之。宗室《刘睦传》云：

> 中兴初，禁网尚阔，而睦性谦恭好士，千里交结，自名儒宿德，莫不造门，由是声价益广。永平中，法宪颇峻，睦乃谢绝宾客，放心音乐。然性好读书，常为爱玩。岁终，遣中大夫奉璧朝贺，召而谓之曰："朝廷设问寡人，大夫将何辞以对？"使者曰："大王忠孝慈仁，敬贤乐士。臣虽蝼蚁，敢不以实。"睦曰："吁，子危我哉！此乃孤幼时进趣之行也。大夫其对以孤袭爵以来，志意衰堕，声色是娱，犬马是好。"使者受命而行。

此可以观明帝时诸侯之心境。光武于功臣惟不容马援，明帝则窦融、梁松已不能容也，非其威望不如光武，故忌刻之情益深乎？章帝矫之以宽大，而后大臣始免于罪也。

西汉之亡，既亡于外戚，光武复不知改，以郭况为绵蛮侯，封樊宏为长罗侯，樊丹为射阳侯，樊寻为玄乡侯，樊忠为更父侯，阴识为阴乡侯，已非高祖非有功不侯之制也。（仲长统《法诫篇》谓光武不假后党以权，非确论。）又欲封阴兴，以兴伐吴汉为大司马，阴兴坚辞而止。阴氏在建武、永平之世甚盛，其本传虽多谦退之行，而其宾客放恣，多行不义。以蔡茂、虞延二传所记阴氏宾客推之，《阴兴传》所谓虽好施接客，门无侠客者，殆不然也。第五伦谓诸出入贵戚者，类多瑕衅禁锢之人，尤少守约安贫之节。士大夫无志之徒，更相贩卖，云集其门。众煦飘山，聚蚊成雷，盖骄佚所从生也，岂非然哉！明帝矫光武之失，不侯外氏，《窦宪传》谓永平中常令阴党、阴博、邓叠三人更相纠察，以防贵戚，而马后兄弟虎贲中郎将廖，黄门郎防、光，终明帝世未尝改官。章帝即位，以廖为卫尉，防为中郎将，光为越骑校尉，廖等倾身交接，冠盖之士争赴趋之。会大旱，言事者以为不封外戚之故，有司请依旧典。章帝非马后所出，故极意承权，卒封卫尉廖为顺阳侯，车骑将军防为颖阴侯，执金吾光为许侯。《马防传》谓防兄弟贵盛，奴婢各千人以上，资产巨亿，皆买京师膏腴美田，又大起第观，连阁临道，弥亘街路，多聚声乐曲度，比诸郊庙，宾客奔凑，四方毕至。京兆杜笃之徒数百人，常为刺客居门下，刺史守令多出其家，岁时赈给，乡闾故人，莫不周给。防又多牧马蓄，赋敛羌胡，帝不喜之，数加谴敕，所以禁遏甚备，由是权势稍损，宾客亦衰。八年，因兄子豫怨谤事，有司奏防兄弟骄奢逾僭，浊乱圣化，悉免就国。《马廖传》谓太后崩后，马民失势，廖性宽缓，不能教勒子孙，豫遂投书怨谣。又防、光骄奢，好树党与，八年有司奏免豫，遣廖、防、光就封，马氏衰而窦氏兴。窦宪在章帝世亦尝横恣，赖章帝裁抑之，是东汉开国即防制功臣宗藩，而骄养外戚，故东汉无功臣、宗藩之祸。光武、明帝之世，外戚未至为祸者，以未有母后临朝故也。

光武起自儒生，明章两帝皆积学之主，故留意于礼文之事。光武建武五年初起大学，中元元年初起明堂、灵台、辟雍及北郊、兆域，宣布图谶于天下。明帝永平二年临辟雍，初行大射礼、养老礼，诏曰：

> 光武皇帝建三朝之礼，而未及临飨。眇眇小子，属当圣业。间暮春吉辰，初行大射；令月元日，复践辟雍。尊事三老，兄事五更，安车软轮，供绥执授。侯王设酱，公卿馔珍，朕亲袒割，执爵而酳。祝哽在前，祝噎在后。升歌《鹿鸣》，下管《新宫》，八佾具修，万舞于庭。朕固薄德，何以克当？《易》陈负乘，《诗》刺彼己，永念惭疚，无忌厥心。三老李躬，年耆学明。五更桓荣，授朕《尚书》。《诗》曰："无德不报，无言不酬。"其赐荣爵关内侯，食邑五千户。三老、五更皆以二千石禄终养厥身。

永平四年为四姓小侯开立学校，置五经师。章帝建初四年诏曰：

> 盖三代导人，教学为本。汉承暴秦，褒显儒术，建立五经，为置博士。其后学者精进，虽曰承师，亦别名家。孝宣皇帝以为在圣久远，学不厌博，故遂立大、小夏侯《尚书》，后又立京氏《易》。至建武中，复置颜氏、严氏《春秋》，大小戴《礼》博士。此皆所以扶进微学，尊广道艺也。中元元年诏书，五经章句繁多，议欲减省。至永平元年，长水校尉樊鯈奏言，先帝大业，当以时施行。欲使诸儒共正经义，颇令学者得以自助。孔子曰："学之不讲，是吾忧也。"又曰："博学而笃志，切问而近思，仁在其中矣。"於戏，其勉之哉。

于是下太常，将、大夫、博士、议郎、郎官及诸生、诸儒会白虎观，讲议五经同异，使五官中郎将魏应承制问，侍中淳于恭奏，帝亲称制临决，如孝宣甘露、石渠故事，作《白虎议奏》。八年诏曰：

> 五经剖判，去圣弥远，章句遗辞，乖疑难正，恐先师微言将遂废绝，非所以重稽古，求道真也。其令群儒选高才生，受学《左氏》《穀梁春秋》《古文尚书》《毛诗》，以扶微学，广异义焉。

《儒林传序》亦云：

建武五年，乃修起太学，稽式古典，笾豆干戚之容，备之于列，服方领习矩步者，委它乎其中。中元元年，初建三雍。明帝即位，亲行其礼。天子始冠通天，衣日月，备法物之驾，盛清道之仪，坐明堂而朝群后，登灵台以望云物，袒割辟雍之上，尊养三老五更。飨射礼毕，帝正坐自讲，诸儒执经问难于前，冠带缙绅之人，圜桥门而观听者盖亿万计。其后复为功臣子孙、四姓末属，别立校舍，搜选高能，以受其业。自期门羽林之士，悉令通《孝经》章句，匈奴亦遣子入学。济济乎，洋洋乎，盛于永平矣！

光武、明、章，三世相继，劝学兴礼，为前古所未有，故其风流所被远矣。明章二主诏书每谓上无天子，下无方伯，惟通经服古之君，始能言此，其可以求之异世乎？又东汉尊礼逸民，《逸民传序》已言之，曰：

光武侧席幽人，求之若不及，旌帛蒲车之所征贲，相望于岩中矣。若薛方、逢萌聘而不肯至，严光、周党、王霸至而不能屈。群方咸遂，志士怀仁，斯固所谓举逸民而天下归心者乎！

章帝之世，尤奖孝行，袁宏《后汉纪》类而述之，（其事散见《后汉书》。）曰：

江革字次伯，齐国临淄人也。居家专心于孝养，不为修饰之行，务适亲意而已。尝自为炊爨，不任妻子。每至岁时，当案比，革以母老不欲劳动，自在辕中挽车，不用牛马，由是乡里称之曰“江巨孝”。太守尝以礼召之，母老不应。及母卒，哭泣不绝声，常寝冢庐，服竟不忍除。太守遣掾释服，固请以为吏。举孝廉，为郎，补楚之太仆。月余自劾去，楚王英驰遣官属追之，遂不肯还。复使中侍赠送，辞不受。既为中郎将，复上书乞骸骨。转谏议大夫，告归，遣子奂诣阙谢病笃。天子思革笃行，诏齐相曰：“谏议大夫江革，前以病归，今起居如何？夫孝百世之本，众善之始也。国家每惟忠孝之士，未尝不及革也。县以见谷千斛赐巨孝，尝以八月长吏存问，致羊一头，酒二斛，终身以显异行。如有不幸，祠以中牢。”由是巨孝之名行于天下。庐江毛义以孝行称，南阳人张奉慕其名，故往候之。坐定，而府檄适至，以义为守令，义喜甚，动于颜色。奉者，志尚士也，心贱之，自恨来，固辞去。义母死，弃官行服，进退必以礼，贤良、公车征，皆不至。张奉叹曰：“贤者之心故不可测。往日之喜，乃为亲也。所谓‘家贫亲老，不择官而仕’也。”天子闻而嘉之，赐谷千斛，八月长吏问起居，加赐羊酒。

此皆章帝奖励孝行之事。自汉武表章六经以来，风俗已日入于醇美，虽张禹、孔光之伦居位无风节，在下位者固多耿介之士，班固于《王吉贡禹两龚鲍宣传》已发其义，而世不加察，见汉末颂王莽功德者多，遂谓西汉士风卑靡，风教之美始于东京，不知东汉初年懿行之士即西汉之人，特又经光武、明、章之提倡，儒学益盛，浸润日深，此亦论古之士所宜辨也。

明章两代之政治，皆以省刑薄赋损上益下为主，章帝之惠政尤多，此西汉元成以来一贯之政治也。然东汉之衰，已见于章帝之世。一曰国用不足。汉代田赋过轻，仲长统已言之，《损益篇》曰：

今通肥饶之率，计稼穑之入，令亩收三斛，斛取一斗，未为甚多，一岁之间，则有数年之储，虽兴非法之役，恣奢侈之欲，广爱幸之赐，犹未能尽也。不循古法，规为轻税，及至一方有警，一面被灾，未逮三年，校计骞矩，坐视战士之蔬食，立望饿夫之满道，如之何为君行此政也？二十税一名之曰貊，况三十税一乎？

是汉代国家经费平时仅能足用，稍一有变即感不足，故明帝即议复盐铁。《朱晖传》云：

是时谷贵，县官经用不足，朝廷忧之。尚书张林上言：“谷所以贵，由钱贱故也。可尽封钱，一取布帛为租，以通天下之用。又盐，食之急者，虽贵，人不得不须，官可自鬻。又宜因交阯、益州上计吏往来，市珍宝，收采其利，武帝时所谓均输者也。”于是诏诸尚书通议。晖奏据林言不可施行，事遂寝。后陈事者复重述林前议，以为于国诚便，帝然之，有诏施行。晖复独奏曰："王制，天子不言有无，诸侯不言多少，禄食之家不与百姓争利。今均输之法与贾贩无异，盐利归官，则下人穷怨；布帛为租，则吏多奸盗，诚非明主所当宜行。"帝卒以林等言为然，得晖重议，因发怒，切责诸尚书。（其后何时罢无明文。）

章帝时复置盐铁官，《郑众传》云："建初六年，代邓彪为大司农。是时肃宗议复盐铁官，众谏以为不可，诏数切责，至被奏劾，众执之不移，帝不从。（和帝即位罢。）"《通鉴·章帝纪》章和二年云：

上性宽仁，笃于亲亲，故叔父济南、中山二王，每数入朝，特加恩宠，及诸昆弟，并留京师，不遣就国。又赏赐群臣，过于制度，仓帑为虚。何敞奏记宋由曰："比年水旱，民不收获。凉州缘边，家被凶害；中州内郡，公私屈竭。此实损膳节用之时，国恩覆载，赏赐过度，但闻腊赐，自郎官以上，公卿、王侯以下，至于空竭帑藏，损耗国资。寻公家之用，皆百姓之力。明君赐赍，宜有品制；忠臣受赏，亦应有度。是以夏禹玄珪，周公束帛。今明公位尊任重，责深负大，上当匡正纪纲，下当济安元元，岂但空空无违而已哉！宜先正己以率群下，还所得赐，因陈得失，奏王侯就国，除苑囿之禁，节省浮费，赈恤穷孤，则恩泽下畅，黎庶悦豫矣。"由不能用。（《考异》曰："《敞传》此事在肃宗崩后，云窦氏专政，外戚奢侈，赏赐过制，敞奏云云。袁

《纪》在元和三年。按记云明公视事，出入再期，又言腊赐，知在此时。”）

是汉代经费本微，肃宗宽仁，赏赐又无制度，故国用益不足也。

二曰选举不实。建初元年诏曰：“夫乡举里选，必累功劳。今刺史、守相不明真伪，茂才、孝廉岁以百数，既非能显，而当授之以政事，甚无谓也。每寻前世举人贡士，或起圳亩，不系阀阅。敷奏以言，则文章可采；明试以功，则政有异迹。”《韦彪传》云：“是时陈事者多言郡国贡举，率非功次，故守职益懈，而吏事浸疏。”（袁宏《后汉纪》言：“郡国贡举，不功次，养虚名者累进。”）王符《实贡篇》曰：

> 今以大汉之广土，士民之繁庶，朝廷之清明，上下之修正，而官无善吏，位无良臣。此岂时之无贤，谅由取之乖实。夫志道者少与，逐俗者多畴，是以朋党用私，背实趋华。其贡士者，不复依其质干，准其才行，但虚造声誉，妄生羽毛。略计所举，岁且二百。览察其状，则德侔颜、闵，详核厥能，则鲜及中人，皆总务升官，自相推达。

东汉选举之弊，长浮华之俗，章帝时已见之也。

三曰风俗之奢侈。建初二年诏曰：“不伤财，不害人，诚欲元元去末归本。而今贵戚近亲，奢纵无度，嫁娶送终，尤为僭侈。有司废典，莫肯举察。”是东汉奢侈淫靡之风已大盛章帝之世也。王符《浮侈篇》曰：

> 而今京师贵戚，衣服饮食，车舆庐第，奢过王制，固亦甚矣。且其徒御仆妾，皆服文组彩牒，锦绣绮纨，葛子升越，筩中女布。犀象珠玉，虎魄瑇瑁，石山隐饰，金银错镂，穷极丽靡，转相夸咤。其嫁娶者，车骈数里，缇帷竟道，骑奴侍童，夹毂并引。富者竞欲相过，贫者耻其不逮，一飨之所费，破终身之业。古者必有命然后乃得衣缯丝而乘车马，今虽不能服古，宜令细民略用孝文之制。古之葬者，厚衣之以薪，葬之中野，不封不树，丧期无数。后世圣人易之以棺椁，桐木为棺，葛采为缄，下不及泉，上不泄臭。中世以后，转用楸梓槐柏杶樗之属，各因方土，裁用胶漆，使其坚足持，其用足任，如此而已。今者京师贵戚，必欲江南檽梓豫章之木。边远下士，亦竞相放效。夫檽梓豫章，所出殊远，伐之高山，引之穷谷，入海乘淮，逆河溯洛，工匠雕刻，连累日月，会众而后动，多牛而后致，重且千斤，功将万夫，而东至乐浪，西达敦煌，费力伤农于万里之地。古者墓而不坟，中世坟而不崇。仲尼丧母，冢高四尺，遇雨而崩，弟子请修之，夫子泣曰："古不修墓。"及鲤也死，有棺无椁。文帝葬芷阳，明帝葬洛阳，皆不藏珠宝，不起山陵，墓虽卑而德最高。今京师贵戚，郡县豪家，生不极养，死不崇丧。或至金缕玉匣，檽梓楩柟，多埋珍宝偶人车马，

造起大冢，广种松柏，庐舍祠堂，务崇华侈。

此汉代贵戚豪家奢侈之壮也。三者乃东汉衰乱之所由，皆已起于章帝之世，易世而后，母后临朝，外戚宦官乘之，汉遂不祀也。

十四　和殇安顺

西汉自元帝以至平帝，东汉自和帝以至灵帝，其历史之发展，率皆一律。元、成、哀、平之历史，则外戚佞幸专政，与儒家之思想之施于政治而已。和帝以降之历史，则为母后临朝，外戚宦官之窃政，夷狄内侵，天灾流行，郡县贪残，盗贼四起，无时不然。不如高祖以至宣帝之历史，各朝自有其特异之迹，亦不如光武、明、章之世，施政有方向可称述也，不得已而分述之，亦可分为两期。以外患而论，前期则西羌之祸，后期则乌桓、鲜卑。以君主而论，前期惟是庸弱，后期则为暴虐。以外戚宦官而论，前期之恶亦不如后期之甚。其余如盗贼污吏，皆后加于前，民生之疾苦，亦后加于前，从可知也。党锢之祸，惟后期有之，前后之分期，以梁冀为断，而梁冀之专政，在顺帝末年，故以顺帝为前期之终，而梁冀之事则述之于后。

君主政治，天下为家，兴衰治乱，一系于君主，而君主必有所委任，故兴衰治乱，又系于所委任之贤不肖。内重则有权臣，外重则有强藩方镇，幼主则有母后外戚，暗主则有宦官佞幸。历代英明之君皆欲为子孙计而预防之，然而防不胜防，不失之于彼，则失之于此，无他故焉，无法以规定人主之权责故也。虽无使法必行之法，不愈于无法乎？

历世中主常多使无大故，亦得维持少顷之安者，以开国之主多有善制以遗子孙，子孙非大无道不敢擅变祖制，又经训深入人心，隐然为上下之楷模，而所与共治天下者则为士大夫，非昏乱之世，循规蹈矩可以坐致富贵，亦何必倒行逆施，此庸主庸臣而得维持于一时者也。大臣左右等耳，而论者常痛于外戚宦官之祸，岂不以外戚不由能举，宦官者刑余之人，不知为治之道，而大臣为读书人，或由选举进身，或由考试入仕欤？倘不为一姓之利害计，则宁失之于权奸而不与外戚宦竖，此古人所不敢显言之微意也。而人君则每任宦竖而不欲假之大臣，则以大臣可以篡夺，而宦寺无为人君之道，虽知宦官不足以图治，犹欲苟延国命于一时，此人人皆知宦官不可为政，而宦官恒得执国命者也。外戚宦官非尽不肖，史有明文，天下愦愦，非独我曹罪也，（张让语。）自为实事。故述东汉外戚宦官之祸，而致论于前人所深恶于外戚宦官之微意焉。

《和帝纪》论曰：“自中兴以后，逮于永元，虽颇有弛张，而俱存不扰。”《邓皇后纪》云：“自太后临朝，水旱十载，四夷外侵，盗贼内起。每闻人饥，或达旦不寐，而躬自减彻，以救灾戹，故天下复平，岁还丰穰。”是和帝、安帝之世虽权落于母后外戚之手，朝政未甚黩乱，非天灾与羌祸，亦可比于西汉之元、成。顺帝之时，比之和、安不足，比之桓、灵则有余。王船山之论曰：

> 惜天下之不治者，曰有君无臣。诚有不世出之君矣，岂患无臣哉！所谓有君者，君在中材以下，可与为善，而庸谫之臣，无能成其美而遏其恶也，则顺帝是已。帝之废居西钟下也，顺以全生，群奸不忌，非不智也。安帝崩，不得上殿亲临，悲号不食，非不仁也。孙、程等拯之危亡之中而登天位，一上殿争功，而免官就封，不使终持国政，非不断也。谅虞诩之谏逐张防，听李固之言出阿母，任左雄之策清吏治，非不明也。樊英、黄琼、郎觊公车接轸，纳翟酺之说，广拓学宫，非不知务也。

吾虽不同于王氏之论，顺帝之政治未若桓、灵之纲纪败坏，则甚明也。

孝和皇帝为章帝第四子，母梁贵人，为窦皇后所谮，忧死，窦后养以为子，十岁即位，尊窦后为皇太后。太后临朝，以兄宪侍中，内干机密，出宣诰命，宪弟笃为虎贲中郎将，笃弟景、瑰并中常侍，于是兄弟皆在亲要之地。宪以前太尉邓彪仁厚委随，故尊崇之，以为太傅，令百官总己以听，其所施为，辄令彪奏内白太后，事无不从。（窦宪之利用邓彪，如王莽之利用孔光，名义上之政权仍在邓彪手中，《邓彪传》谓邓彪以太傅录尚书事，及窦氏诛，邓彪以老病上还枢机职。）以耿夔、任尚等为爪牙，邓叠、郭璜为心腹，班固、傅毅典文章，刺史守令多出其门，尚书仆射郅寿、乐恢，并以忤意相继自杀，朝臣震慑，望风承旨。而笃进位特进，得举吏，见礼依三公，景为执金吾，瑰为光禄勋，权贵显赫，倾动京师。虽俱骄纵，而景为尤甚，奴客缇骑，依倚形势，侵陵小人，强夺财货，篡取罪人，妻略妇女，商贾闭塞，如避寇雠。东京外戚并列亲幸之地，阴、马皆然。章帝时窦氏已代马氏而兴，窦宪以夺沁水公主园田，章帝稍裁抑之。太后临朝，窦氏复盛，此为东京外戚擅政之始。（犹无执政之名。）大臣袁安、任隗，正色立朝，尚书郅寿、乐恢，刺举无所回避，何敞、韩棱累疏奏谏。袁安、韩隗举奏诸二千石并所连及，贬秩免官四十余人，窦氏大恨，但安、隗素行高，亦未有以害之。庐江周荣辟袁安府，安举奏窦景及争立北单于事，皆荣所具草，窦氏客太尉掾徐齮深恶之，胁荣曰："子为袁公腹心之谋，排奏窦氏，窦氏悍士刺客满城中，谨备之矣。"荣曰："荣江淮孤生，得备宰士，纵为窦氏所害，诚所甘心。故常敕妻子，若卒遇飞祸，无得殡敛，冀以区区腐身，觉悟朝廷。”外戚擅权，朝政未大乱者，正人犹多故耳。章帝崩，齐殇王子都乡侯畅来吊国忧，太后数召见之，窦宪惧分其权，遣客刺死畅，何敞奏案之，推举具得事实，太后怒，闭宪于内宫，宪惧诛，因自求击匈奴以赎死。会南单于请兵北伐，乃拜宪车骑将军，金印紫绶，官属依司空，以执金吾耿秉为副，发北军五校黎阳、雍营缘边十二郡骑士及羌胡兵出塞。永元元年窦宪出鸡鹿塞，邓鸿出榈杨塞，南单于出满夷谷，与北匈奴战于稽落山，大破之，追至河渠北鞮海，遂登燕然山，刻石勒功而还，盖耿秉、邓鸿皆习于边事者也。（窦宪为人必有才智，中国历史不喜边功，故述之甚略，于窦宪尤甚。范晔言窦宪率羌胡边杂之师，有不足之意，不知黎阳、雍营骑士，皆当时精兵也。）窦氏父子兄弟并为卿校，充满朝廷，宪既负重劳，陵肆滋甚。永元四年（帝十四岁），帝与中常侍钩盾令郑众谋诛宪。帝幸北宫，诏执金吾五校尉勒兵屯卫南北宫，闭城门收捕郭璜、郭举、邓叠、邓磊，皆下狱死，遣谒者仆射收宪大将军印绶，更封为冠军侯，与笃、景、钩皆就国。帝以太后故不欲名诛宪，为选严能相督察之，宪、笃、景到国皆迫令自杀。其时太后临朝，和帝以十四岁之幼主卒诛窦宪，且能保全窦后，则郑众之奇谋伟计，史家所遗者多也。永元十四年立贵人邓氏为皇后，元兴元年和帝崩，太子隆即位，是为殇帝。时诞育百余日，尊皇后为皇太后。太后临朝，以兄骘为车骑将军，仪同三司。殇帝立一年崩，骘与太后定策立安帝，章帝孙清河王庆子是也，时年十三岁。太后临朝，安帝永初七年，元初六年，永宁一年，建光元年，而邓后崩，其时安帝已二十八岁也。杜根、成翊世皆以谏太后久不归政抵罪，太后崩而安帝征用之，其不相得之情可见也。邓骘以戒于窦氏之祸，无大失德，然以庸人而在高位，所谓小人而乘君子之器，其何能堪？邓骘本传称其崇节俭，罢力役，推进天下贤士何熙、祋讽、羊禑、李郃、陶敦等列于朝廷，辟杨震、朱宠、陈禅置之幕府，其害虞诩之忠，修陈宠之怨，则讳而不言。史家于和熹、邓后临朝多为之讳，于其不归政，则谓帝少号聪敏，及长多不德，以掩其失，岂其然乎？（《宦者传序》谓邓后以女主临政，而万机殷远，朝臣国议无由参断，帷幄称制，下令不出房闱之间，不得不委用刑人，寄之国命，手握王爵，口含天宪，非复掖廷永巷之职，闺牖房闼之任也。邓后亦任用宫婢，《邓后纪》言，时宫婢出入皆能有所毁誉，其耆宿者皆称中大人。又《窦武传》言赵夫人及女尚书旦夕乱太后。女尚书之置虽不知所始，其由女主称制而置，则可断言。）太后崩，安帝亲政，小黄门李闰与帝乳母王圣共谮邓氏，邓骘、邓遵并自杀。封李闰雍乡侯，又小黄门江京初迎安帝于邸，以功封都乡侯，闰、京迁中常侍，江京兼大长秋，与中常侍樊丰、黄门令刘安、钩盾令陈圣、帝乳母王圣、圣女伯荣，竞为侈虐。又帝舅大将军耿宝、皇后兄阎显更相阿党，遂枉杀太尉杨震，废皇太子为济阴王。此为外戚宦官相比乱政之始。安帝延光四年崩，尊皇后为皇太后，太后临朝，以兄阎显为车骑将军，定策禁中，迎立北乡侯。阎显等专朝争权，大将军耿宝、中常侍樊丰、侍中谢恽、周广、乳母王圣，坐相阿党，丰、恽、广下狱死，宝自杀，圣徙雁门。中黄门孙程与济阴王谒者长兴渠等，谋复太子。北乡侯薨，阎显、江京、刘安、陈达等白太后秘不发丧，而更征立诸国王子，中黄门孙程等十九人共斩江京、陈达、刘安等，迎济阴王于西钟下，即皇帝位，是为顺帝，时年十有一。阎显兄弟并下狱诛，孙程等十九人皆封侯。永建元年免孙程官，遣十九侯就国，黄龙等九人（在十九人中）与阿母宋娥更相货赇，求高官，又诬罔中常侍曹腾、孟贲等，永和二年发觉，并遣就国，宋娥夺爵归田舍。顺帝以孙程等得立为帝，而宦者之势在顺帝朝未至猖披者，以孙程犹能保护善人，抑制同类，而虞诩、左雄辈皆不畏强御，抗颜直谏故也。顺帝阳嘉元年立贵人梁氏为后，加后父梁商位特进，更增国土，三年以商为大将军，商性慎弱无威断，犹少过失。梁商以永和六年薨，其子河南尹冀嗣为大将军，为汉代外戚中第一凶人。

自烧当至滇良，世居大小榆中，由是始强。（滇良为烧当玄孙。）至其子滇吾，永平初窦固击破降之，徙七千余口，置三辅。滇吾诸弟迷吾数为寇盗，章帝时马防等击破之，自后或降或叛，少有宁岁。和帝时，迷吾子迷唐复向金城，侯霸及诸郡破之西海，大小榆谷无复羌寇。曹凤言自建武以来，其犯法者常从烧当种起，以其居大小榆，土地肥美，又近塞内，请建复西海郡县，其功垂立，至永初中诸郡羌叛乃罢。滇吾曾孙麻奴，初随父东号降居安定，时诸羌布在郡县，安帝永初九年，麻奴兄弟与种人俱西出塞，先零别种归滇滱滇零与种羌大为寇掠，任尚率诸郡兵与战于平襄，尚军大败，滇零自称天子于北地，招集武都、参狼、上郡、西河诸种，众遂大盛，东犯赵、魏，南入益州，寇抄三辅，断陇道、湟中诸县，粟石万钱，百姓死亡，不可胜数。众羌乘胜，汉兵数挫，邓骘欲弃凉州，虞诩曰：

> 不可。今羌所以不敢入据三辅为腹心之害者，以凉州在后故也。当今之计，宜令四府九卿各辟彼州数人，其牧守令长子弟皆除为冗官，外以劝励，答其功勤；内以拘致，防其邪计。

于是四府皆从诩议。时汉中太守郑勤战死，羌势转盛，遂徙金城郡居襄武，羌众入寇，河东至河内，百姓相惊，多南奔渡河。使北军中候朱宠将五营士屯孟津，诏魏郡赵国常山中山缮作坞堠六百一十六所。二千石守令无守战意，皆争上徙郡县以避寇难，朝廷从之，遂移陇西徙襄武，安定徙美阳，北地徙池阳，上郡徙衙，百姓恋土，不乐去旧，遂乃刈其禾稼，发撤屋室，时连年旱蝗饥荒，而驱蹙劫掠，流离分散，随道死亡。滇零死，子零昌立。元初元年遣兵屯河内，通谷冲要三十五所皆作坞壁，设鸣鼓，零昌寇雍城，遣任尚将羽林缇骑五营子弟屯三辅，虞诩说任尚罢诸郡兵，令出钱数千，二十人共市一马，以万骑之众，逐数千之虏，尚用其计，乃遣轻骑抄击，斩首数百。明年秋又筑冯翊北界堠坞五百所，自后频破之，诸羌瓦解，三辅、益州无复寇警。

自羌叛十余年间，兵连师老，不暂宁息，军旅之费，转运委输，用二百四十余亿，府帑空竭，延及内郡，边人死者不可胜计，并、凉二州，遂至虚耗。自后陇西、上郡、武威、张掖仍寇盗不息，顺帝用虞诩策复朔方、西河、上郡三郡，使谒者郭璜督促徙者各归旧县，缮城郭，置候驿，既而激河浚渠为屯田，省内郡费岁一亿计，遂令安定、北地、上郡及陇西、金城常储谷粟，令周数年。至阳嘉元年，以湟中地广，更增置屯田五部，并前为十二部。二年复置陇西南部都尉如旧制。永和中以来机为并州刺史，刘秉为凉州刺史，机等到州之日，多所扰发。五年夏且冻、傅难、种羌等遂反叛金城，与西塞及湟中杂种羌胡大寇三辅，遣马贤讨之，贤军大败，贤及二子皆战死，东西羌遂大会，巩唐种三千余骑寇陇西北地，又烧园陵，掠关中，杀长吏。武威太守赵冲追击，冲虽战没，而前后多所斩，羌由是遂衰。自永和羌叛，十余年间，费用八十余亿，士卒不得其死者白骨相望。西羌之祸，以安帝永初中为最盛，其次为顺帝永和之役，及灵帝末段颎从讨，方始平定。自光武以至和熹称制（安帝），皆以安民为务，而西羌寇掠，中国为之残破。顺帝嗣立，虽时髦允集，嬖幸亦多，重遭羌祸，元气益耗，东汉之衰，羌祸为烈矣。

东汉灾害盛于安帝，盗贼盛于顺帝，天灾与羌祸之外，官吏之贪残实有以使之。郡县之坏，坏于中朝，中朝不治，郡县无由得治，此乃一定之理。顺帝汉安元年，遣侍中河内杜乔、周举，守光禄大夫周栩、冯羡、魏郡、栾巴、张纲、郭遵、刘班，分行州郡，表贤良，显忠勤，其贪污有罪者，刺史二千石驿马上之，墨绶以下，便辄收举。八使所劾奏，多梁冀及宦者亲党，互为请救，事皆寝遏。侍御史河南种暠疾之，复行案举，廷尉吴雄、将作大匠李固亦上言八使所纠，宜急诛罚。帝乃更下八使奏章，令考正其罪。此中朝与郡县连结之证也。其时之盗贼皆迫而为盗，结之以恩信，皆归降，李固、张纲之事可证。荆州盗贼起，弥年不定，以大将军从事中郎李固为荆州刺史，固到，遣吏劳问境内，赦寇盗前衅，与之更始。于是贼帅夏密等率其魁党六百余人，自缚归首，固皆原之，遣还，自相招集，开示威法，半岁间，余类悉降。广陵张婴寇乱扬、徐间积十余年，二千石不能制，梁冀乃以张纲为广陵太守。前太守率多求兵马，纲独单车之职，既到径诣婴垒门，婴大惊，遽走闭垒，纲于门罢遣吏民，独留所亲者十余人，以书喻婴，请与相见，婴见纲至诚，乃出拜谒。纲延至上坐，譬之曰："前后二千石多肆贪暴，故致公等怀愤相聚，二千石信有罪矣，然为之者又非义也。今主上仁圣，欲以文德服叛，故遣太守来，思以爵禄相荣，不愿以刑罚相加，今诚转祸为福之时也。若闻义不服，天子赫然震怒，荆、扬、兖、豫大兵云合，身首横飞，血嗣俱绝，二者利害，公其深计之。"婴闻泣下曰："荒裔愚人，不能自通朝廷，不堪侵枉，遂复相聚偷生，若鱼游釜中，知其不可久，且以喘息须臾间耳。今闻明府之言，乃婴等更生之辰也。"乃辞还营。明日将所部万余人与妻子面缚归降。纲单车入婴垒，大会置酒为乐，遣散部众，任从所之，亲为卜居宅，相田畴，子孙欲为吏者，引召之，人情悦服，南州晏然。盖盗贼多穷极无聊之人，又遇贪残之吏，遂激成之，为盗非其本怀，如有自新之道，何苦为盗。然此非根本之计，必也安其生业，选贤良吏以怀柔教导之，乃可止盗。后世招降纳叛而致祸者，率在致盗之根未拔，一盗降一盗起，今日降明日起，招安反与盗贼以危急自保之道。故为国家计，招降惟可用于政治清明之日，亦不恒用，恒用则奸人乘之。李固、张纲之事，于国家大计诚无所补益，（张纲死未久，张婴复为盗。）惟可消患于一时一地。桓、灵以后，盗贼益多，此乃民生愁苦之象。及黄巾贼起，而汉以亡。（汉代儒家之社会政策不能行于朝廷，遂变而为道教之《太平经》，流行民间，张角、张鲁皆以此相号召。）

十五　冲质桓灵献

顺帝以梁冀代父商为大将军，冀弟侍中不疑为河南尹。顺帝于建康元年崩，冲帝始在襁褓，尊梁后为皇太后。太后临朝，诏冀与太傅赵峻、太尉李固参录尚书事。冲帝立一年崩（永嘉元年），冀与太后定策迎立质帝。质帝少而聪慧，知冀骄横，尝朝群臣目冀曰："此跋扈将军也。"冀闻而恶之，遂令左右进鸩加煮饼，帝即日崩，在位一年（本初元年）。议立嗣君，李固、杜乔等欲立清河王，曹腾与清河王有隙，乃劝梁冀立蠡吾侯，是为桓帝，太后犹临朝。太后初委政于李固，宦者为恶者一皆斥遣，天下咸望太平，而梁冀深忌之。顺帝所除官多不以次，及固任事，奏免百余，人皆怨固，又希望冀旨，遂共作飞章诬告固。桓帝之立既非李固、杜乔之意，宦者唐衡、左悺共谮之于帝，会刘文、刘鲔妄言清河王当统天下，冀诬奏李固、杜乔与文、鲔交通，李、杜皆下狱死。元嘉元年桓帝以冀有迎立之功，欲崇殊典，乃大会公卿共议其礼，于是有司奏冀入朝不趋，剑履上殿，谒赞不名，礼仪比萧何，悉以定陶、阳成余户增封为四县，比邓禹，赏赐金钱奴婢，彩帛车马，衣服甲第，比霍光，以殊元勋，每朝会与三公绝席，十日一入平尚书事，宣布天下为万世法。冀犹以所奏礼薄，意不悦，专擅威柄，凶恣日积，机事大小，莫不咨决之。宫卫近侍，并所亲树，禁省起居，纤微必知，百官迁召，皆先到冀门，笺檄谢恩，然后敢诣尚书。一门前后七封侯，三皇后，二大将军，夫人女食邑称君者七人，尚公主三人，其余卿将尹校五十七人，在位二十余年，穷极满盛，威行内外，百僚侧目，莫敢违命，天子拱己而不有所亲豫。梁冀之恶为西汉开国以来所未有。窦宪之专横，于袁安、任隗尚不敢害，阎显、樊丰遂害杨震。震，卿也，未若李、杜之为三公也。当冀之收李固下狱也，固门生渤海王调贯械上书证固之枉，河内赵承等数十人亦要斧锧诣阙通诉，太后诏赦之。及出狱，京师市里皆呼万岁，冀闻之，大惊，畏固名德，终为己害，乃更据奏前事。大将军长史吴佑伤固之枉，与冀争之，冀怒不从。从事中郎马融主为冀作章表，融时在坐，佑谓融曰："李公之罪，成于卿手，李公若诛，卿何面目视天下人？"冀怒，起入室，佑亦径去。固临命，与胡广、赵戒书曰："固受国厚恩，是以竭其股肱，不顾死亡，志欲扶持王室，比隆文、宣。何图一朝梁氏迷谬，公等曲从，以吉为凶，成事为败乎？汉家衰微，从此始矣。公等受主厚禄，颠而不扶，倾覆大事，后之良史，岂有所私？固身已矣，于义得矣，夫复何言！”广、戒得书悲惭，皆长叹流涕而已。冀暴固、乔尸于城北四衢，令有敢临者加其罪。固弟子汝南郭亮尚未冠，左提章钺，右秉斧锧，诣阙上书，乞收固尸，不报，与南阳董班俱往临哭，守丧不去。夏门亭长呵之曰：“卿曹何等腐生，公犯诏书，欲干试有司乎？”亮曰：“义之所动，岂知性命，何为以死相惧耶？”太后闻之，皆赦不诛。杜乔故掾陈留杨匡号泣星行到洛阳，着故赤帻，托为夏门亭吏守护尸丧，积十二日，都官从事执之以闻，太后赦之。因诣阙上书，并乞李、杜二公骸骨，使得归葬，太后许之。匡送乔丧还家，葬讫行服，遂与郭亮、董班皆隐匿，终身不仕。李固、杜乔皆当世名德，群士向望，梁冀杀之，所以激动人心者甚大，愤嫉之情积于中，而呼号怨讟之声盈于耳，激浊扬清，发愤快志，则成党锢之祸；伤天道之未厌乱，恸衰世之不能挽，失望之极，归于无为，则成遁世之人。两者皆有激而然，士大夫之用心如此，而大乱不可挽也。其时国计民生之困，则朱穆言之最切。朱穆奏记梁冀曰：

顷者，官人俱匮，加以水虫为害。京师诸官费用增多，诏书发调或至十倍。各言官无见财，皆当出民，搒掠割剥，强令充足。公赋既重，私敛又深。牧守长吏，多非德选，贪聚无厌，遇人如虏，或绝命于箠楚之下，或自贼于迫切之求。又掠夺百姓，皆托之尊府。遂令将军结怨天下，吏人酸毒，道路叹嗟。……昔永和之末，纲纪少弛，颇失人望。四五岁耳，而财空户散，下有离心。马免之徒乘敝而起，荆扬之间几成大患。幸赖顺烈皇后初政清静，内外同力，仅乃讨定。今百姓戚戚，困于永和，内非仁爱之心可得容忍，外非守国之计所宜久安也。

民困至此，尚不知恤，宦竖清流，互为仇雠，乌得不溃败于下哉？

梁冀既专横，桓帝心不能平，延熹二年，与中常侍单超、具瑗、唐衡、左悺、徐璜五人成谋诛冀，五人同日封侯，世谓之“五侯”。又封小黄门刘普、赵忠等八人为乡侯，自是权归宦官，朝廷日乱矣。单超先卒，其后四侯专横，天下为之语曰：“左回天，具独坐，徐卧虎，唐两堕。”皆竞起第宅，楼观壮丽，穷极伎巧，金银罽毦，施于犬马，多取良人美女以为姬妾，皆珍饰华侈，拟则宫人，其仆从皆乘牛车而从列骑。又养其疏属，或乞嗣异姓，或买苍头为子，并以传国袭封，兄弟姻戚皆宰州临郡，辜较百姓，与盗贼无异。超弟安为河东太守，弟子匡为济阴太守，璜弟盛为河内太守，悺弟敏为陈留太守，瑗兄恭为沛相，皆为所在蠹害。桓帝既诛梁冀，天下想望异政，黄琼首居公位，乃举奏州郡素行暴污，至死徙者十余人，海内翕然称之。其后嬖宠益横，琼自度力不能制，乃称疾不起，上疏曰：

> 陛下即位以来，未有胜政。诸梁秉权，竖宦充朝。李固、杜乔，既以忠言横见残灭，而李云、杜众，复以直道继踵受诛，海内伤惧，益以怨结，朝野之人，以忠为讳。尚书周永，素事梁冀，假其威势，见冀将衰，乃阳毁示忠，遂因奸计，亦取封侯。又黄门挟邪，群辈相党，自冀兴盛，腹背相亲，朝夕图谋，共构奸轨，临冀当诛，无可设巧，复托其恶，以要爵赏，陛下不加清征，审别真伪，复与忠臣并时显封，粉墨杂糅，所谓抵金玉于沙砾，碎珪璧于泥涂，四方闻之，莫不愤叹。

桓帝征安阳魏桓，其乡人劝之行，桓曰：“夫干禄求进，所以行其志也。今后宫千数其可捐乎？厩马万匹其可减乎？左右权豪其可去乎？”皆对曰：“不可。”桓乃慨然叹曰：“使桓生行死归，于诸子何有哉！”遂隐身不出。或问范滂曰：“郭林宗何如人？”滂曰：“隐不违亲，贞不绝俗，天子不得臣，诸侯不得友，吾不知其他。”郭泰常举有道不就，同郡宋况素服其德，以为自汉元以来未见其匹，常劝之仕，泰曰：“吾夜观乾象，昼察人事，天之所废，不可支也，吾将优游卒岁而已。”然犹周旋京师，诲诱不息。徐稺以书戒之曰：

“大树将颠，非一绳所维，何为栖栖不遑宁处。”泰感悟曰：“谨拜斯言，以为师表，时事之不可为，识者固已知之矣。”《党锢传序》云：

> 逮桓、灵之间，主荒政缪，国命委于阉寺，士子羞与为伍，故匹夫抗愤，处士横议，遂乃激扬名声，互相题拂，品核公卿，裁量执政，婞直之风，于斯行矣。

夫上好则下必甚，矫枉故直必过，其理然矣。若范滂、张俭之徒，清心忌恶，终陷党议，不其然乎？初桓帝为蠡吾侯，受学于甘陵周福，及即帝位，擢福为尚书，时同郡河南尹房植有名当朝，乡人为之谣曰：“天下规矩房伯武，因师获印周仲进。”二家宾客，互相讥揣，遂各树朋徒，渐成尤隙，由是甘陵有南北部，党人之议，自此始矣。后汝南太守宗资任功曹范滂，南阳太守成瑨亦委功曹岑晊，二部又为谣曰：“汝南太守范孟博，南阳宗资主画诺。南阳太守岑公孝，弘农成瑨但坐啸。”因此流言转入太学，诸生二万余人，郭林宗、贾伟节为其冠，并与李膺、陈蕃、王畅更相褒重。学中语曰：“天下楷模李元礼，不畏强御陈仲举，天下俊秀王叔茂。”又渤海公族进阶，扶风魏齐卿，并危言深论，不隐豪强，自公卿以下，莫不畏其贬议，屣履到门。时河南张成善说风角，推占当赦，遂教子杀人，李膺为河南尹，督促收捕，既而逢宥获免，膺愈怀愤疾，竟案杀之。初，成以方伎交通宦官，帝亦颇谇其占。成弟子牢修上书诬告膺等养太学游士，交结诸郡生徒，更相驱驰，共为部党，诽讪朝廷，疑乱风俗。于是天子震怒，班下郡国逮捕党人，布告天下，使同忿疾，遂收执膺等。其辞所连及陈实之徒二百余人，或有逃遁不获，皆悬金购募，使者四出，相望于道。明年，尚书霍谞、城门校尉窦武并表为请，帝意稍解，皆赦归田里，禁锢终身，而党人之名，犹书王府。自是正直废放，邪枉炽结，海内希风之流，遂共相标榜，指天下名士为之称号，上曰“三君”，次曰“八俊”，次曰“八顾”，次曰“八及”，次曰“八厨”，犹古之“八元”“八凯”也。窦武、刘淑、陈蕃为三君，君者言一世之所宗也。李膺、荀昱、杜密、王畅、刘祐、魏朗、赵典、朱寓为八俊，俊者言人之英也。郭林宗、宗慈、巴肃、夏馥、范滂、尹勋、蔡衍为八顾，顾者言能以德行引人者也。张俭、岑晊、刘表、陈翔、孔昱、范康、檀敷、翟超为八及，及者言能导人追宗者也。度尚、张邈、王考、刘儒、胡母班、秦周、蕃向、王章为八厨，厨者言能以财救人者也。又张俭乡人朱并，承望中常侍侯览意旨，上书告俭与同乡二十四人，别相署号，共为部党，图危社稷，以俭及檀彬、褚凤、张肃、薛兰、冯禧、魏玄、徐乾为八俊，田林、张隐、刘表、薛郁、王访、刘祗、宣靖公绪恭为八顾，朱楷、田槃、疏耽、薛敦、宋布、唐龙、嬴咨、宣褒为八及，刻石立墠，共为部党，而俭为之魁。灵帝诏刊章捕俭等，大长秋曹节因此讽有司奏捕前党，故司空虞放、太仆杜密、长乐少府李膺、司隶校尉朱寓、颍川太守巴肃、沛相荀昱、河内太守魏朗、山阳太守翟超、任城相刘儒、太尉掾范滂等百余人，皆死狱中，余或先殁不及，或亡命获免。自此诸为怨隙者，因相陷害，睚眦之忿，滥入党中。又州郡承旨，或有未尝交关，亦离祸毒，其死徙废禁者六七百人。熹平五年，永昌太守曹鸾上书讼党人，言甚方切，帝省奏大怒，即诏司隶益州槛车收鸾，送槐里狱掠杀之。于是又诏州郡，更考党人门生故吏父子兄弟，其在位者免官禁锢，爰及五属。光和二年上禄长和海上言：

礼，从祖兄弟别居异财，恩义已轻，服属疏末，而今党人锢及五族，既乖典训之文，有谬经常之法。

帝览而悟之，党锢自从祖以下皆得解释。中平元年，黄巾贼起，中常侍吕彊言于帝曰：

党锢久积，人情多怨，若久不赦宥，若与张角合谋，为变滋大，悔之无救。

帝惧其言，乃大赦党人，诛徙之家，皆归故郡。其后黄巾遂盛，朝野崩离，纪纲文章荡然矣。凡党事始自甘陵汝南，成于李膺、张俭，海内涂炭二十余年，诸所蔓衍，皆天下善士。自梁冀以来，人心已积愤不平，宦竖乱政，荼毒海内，忠义之士，志清君侧，疾恶如仇，急湍之下，不能行舟，其无济于时，原无足怪，其所以造成党祸者，则太学生为之也。汉以察举兴贤，遂成近名之弊。顺帝以来，累行征召，朝士荐举草野，朝野遂相连结，标榜之风亦盛。顺帝广起黉舍，其后生徒增至三万余人，其中品类极杂，西汉太学生惟救鲍宣一事，东汉则累干朝政，上书言事。仇览入太学时，诸生同郡符融有高名，与览比宇，宾客盈室，览常自守，不与融言，融观其容止，心独奇之，乃谓曰："与先生同郡壤，邻房牖，今京师英雄四集，志士交结之秋，虽务经学，守之何固？"览乃正色曰："天子修设太学，岂但使人游谈其中！"高揖而去，不复与语。后融以告郭林宗，林宗因与融赍刺就房谒之，遂留宿。林宗嗟叹，下床为拜。其时之太学，岂讲学之地乎？《申屠蟠传》谓先是京师游士汝南范滂等，非讦朝政，自公卿以下，皆折节下之，太学生争慕其风，以为文学将兴，处士复用，蟠独叹曰："昔战国之世，处士横议，列国之王，至为拥篲先驱，卒有坑儒烧书之祸，今之谓矣。"是以论党锢之祸，其本在于太学，而征召制度所以造成朝野相连标榜之风，外戚宦竖乱政所以激发其疾恶不平之气。党人者乃宦竖加之，在宦竖视之则为一党，而党人本身则非一党，且其中亦不尽善类，依附声势，所在有之。朋党为君主所最忌，盖朋党则有力，无论善恶皆君主所欲去也，李膺等与太学生相结，信非虚构，焉得不禁锢之。自古贤奸不能并立，其加之以党，必附和者多，附和者多，则为君主所忌，无不败者。君子与小人争而不遇英主，君子无不败。盖以小人无所不为，而君子有所不为也。（要君之名，君子且不敢当，况其他乎？）若君子而多所附和，致小人得以党加之，其涂炭善类，辄数十年，东汉宋明之事皆如此也。（范书述党祸大体诚是，惟不当以甘陵为党祸之始耳。）党祸之作也，或谓李膺曰："可去矣。"对曰："事不辞难，罪不逃刑，臣之节也。吾年已六十，死生有命，去将安之？"乃诣诏狱考死。门生故吏，并被禁锢，侍御史蜀郡景毅子顾为膺门徒，未有录牒，不及于谴，毅慨然曰："本谓膺贤，遣子师之，岂可以漏夺名籍，苟安而已！"遂自表免归。汝南督邮吴导受诏捕范滂，至征羌，抱诏书闭传舍，伏床而泣，一县不知所为。滂闻之曰："必为我也。"即自诣狱，县令郭揖大惊，出解印绶，引与俱亡，曰："天下大矣，子何为在此？"滂曰："滂死则祸塞，何敢以罪累君，又令老母流离乎？"其母就与之诀，滂白母曰："仲博孝敬，足以供养，滂从龙舒君归黄泉，存亡各得其所，惟大人割不可忍之恩，勿增感戚。"母曰："汝今得与李、杜齐名，死亦何恨！既有令名，复求寿考，可兼得乎？"滂跪受教，再拜而辞，顾其子曰："吾欲使汝为恶，则恶不可为；使汝为善，则我不为恶。"行路闻之，莫不流涕。张俭亡命困迫，望门投止，莫不重其名行，破家相容。后流转东莱，止李笃家，外黄令毛钦操兵到门，笃引钦就席曰："张俭负罪亡命，笃岂得藏之？若审在此，此人名士，明廷岂宜执之乎？"钦因起抚笃曰："蘧伯玉耻独为君子，足下何专取仁义？"笃曰："笃虽好义，明廷载半去矣。"钦叹息而去。笃导俭经北海戏子然家，遂入渔场出塞，其所经历，伏重诛者以十数，连引收考布遍天下，宗亲并皆殄灭，郡县为之残破。东汉人之勇于行义，不计生死，为后世所无，此名教之效也。

桓帝以延熹八年废邓后而立窦后，窦后之立，陈蕃有力焉。桓帝以永康元年崩，无嗣，后为皇太后。太后临朝，定策，立解犊侯宏，是为灵帝。拜后父窦武为大将军，常住禁中，以陈蕃为太尉，录尚书事。蕃与窦武同心尽力，征用名贤，共参政事，天下之士莫不延颈想望太平。而帝乳母赵娆，旦夕在太后侧，中常侍曹节、王甫等共与交构，谄事太后。太后信之，数出诏命有所封拜，及其支类，多行贪虐，蕃常疾之，志诛宦官，与窦武合谋。时中常侍管霸颇有才略，专制省内，武先白太后诛霸及苏康等，武复数白诛曹节等。太后久不发，曹节与长乐五官吏朱瑀，从官史共普、张亮，中黄门王尊，长乐谒者腾是等十七人，共矫诏以长乐食王甫为黄门令，将兵诛武、蕃等，事在建宁元年。熹平元年窦太后崩，有人书朱雀阙言天下大乱。曹节、王甫幽杀太后，常侍侯览多杀党人，公卿皆尸禄，无有直言者。于是诏司隶校尉刘猛逐捕，十日一会。王甫、曹节封侯，父兄子弟皆为公卿，列校牧守令长，布满天下。节弟破石为越骑尉，越骑营五百妻有美色，破石纵求之，五百不敢违，妻执意不肯行，遂自杀。其淫暴无道，多此类也。窦武本庸材凡质，以能以两宫赏赐悉散与太学诸生，又解救党祸，故当时以之为三君之首。当其立灵帝受封也，卢植上书说武曰："今同宗相后，披图按牒，以次建之，何勋之有，岂可横叨天功以为己力乎？宜辞大赏，以全身名。"武不能用。王甫让陈蕃曰：

> 先帝新弃天下，山陵未成，窦武何功，兄弟父子，一门三侯？又多取掖庭宫人，作乐饮宴，旬月之间，赀财亿计。大臣若此，是为道耶？

窦武之为人可知也。陈蕃之连结窦武者，以女后临朝，非借外戚之力不可，此为明代去中官者非依附中官不能，而依附中官外戚女后者，虽正人亦见讥于世。士君子生衰乱之朝，如欲康济生灵，盖难免于悠悠之口也。范晔之论陈蕃曰：

> 桓、灵之世，若陈蕃之徒，咸能树立风声，抗论惛俗。

而驱驰险阸之中，与刑人腐夫同朝争衡，终取灭亡之祸者，彼非不能洁情志，违埃雾也。愍夫世士以离俗为高，而人伦莫相恤也。以遁世为非义，故屡退而不去；以仁心为己任，虽道远而弥厉。及遭际会，协策窦武，自谓万世一遇也。懔懔乎伊、望之业矣！功虽不终，然其信义足以携持民心。汉世乱而不亡，百余年间，数公之力也。

范氏因论陈蕃而及汉廷诸公，盖自窦宪专政以来，维持汉室于不绝者，非代有忠贤匡救于其间哉?

灵帝以中平六年崩，皇子辩立（董卓废帝为弘农王），尊皇后何氏为皇太后。太后临朝，后将军袁隗为太傅，与太后兄何进参录尚书事。何进知宦官为天下所疾，兼忿蹇硕图己，阴图诛宦官，袁绍亦劝之，乃召外兵协太后杀宦官。何进之召外兵，为董卓乱政之本，进亦鉴于窦武之事，由于太后不忍而为之耳。中常侍张让、段珪等杀大将军何进，于是虎贲中郎袁术烧东西宫，攻诸宦者，张让、段珪等劫帝及陈留王幸北宫德阳殿，何进部曲将吴匡与车骑将军何苗战于朱雀阙下，苗败斩之，司隶校尉袁绍勒兵收伪司隶校尉樊陵、河南尹许相及诸阉人，无少长皆斩之。外戚宦官，两败俱丧，而汉亦自此败乱。自和帝诛窦宪以来，政变不知凡几，天子之所向与扶持天子者无不胜，袁术之烧东西宫以胁出张让等，实非士君子所敢为，而术本无君之人，此无疑于何进之召外兵也。《儒林传》论曰：

> 所谈者仁义，所传者圣法也。故人识君臣父子之纲，家知违邪归正之路。自桓、灵之间，君道秕僻，朝纲日陵，国隙屡启，自中智以下，靡不审其崩离；而权强之臣，息其窥盗之谋，豪俊之夫，屈于鄙生之议者，人诵先王言也，下畏逆顺势也。至如张温、皇甫嵩之徒，功定天下之半，声驰四海之表，俯仰顾眄，则天业可移，犹鞠躬昏主之下，狼狈折扎之命，散成兵，就绳约，而无悔心。暨乎剥桡自极，人神数尽，然后群英乘其运，世德终其祚。迹衰敝之所由致，而能多历年所者，斯岂非学之效乎？

范氏所论，诚为事实，宦官劫持人主，若社鼠城狐，英主自不为宦者所弄，若遇庸主，真无可如之何也。

汉世言无道之君必称桓、灵，以其昏虐为已甚矣。（汉世除桓、灵而外无暴君。）桓帝自梁冀诛始亲政，即杀谏臣李云、杜众，又多内宠，宫女五六千人，及驱役从使，复兼倍于此。延熹十年初令郡国亩敛税钱，此皆汉世诸君所不敢为之事。灵帝贪聚淫侈尤甚，敛天下田亩税十钱以修宫室，发太原、河东、狄道诸郡材木及文石，每州郡部送至京师，黄门常侍辄令谴呵不中者，因强折贱买，十分顾一，因复货之于宦官，复不为即受，材木遂至腐积，宫室连年不成，刺史二千石及茂材孝廉迁出，皆责助军修宫钱，大郡至二三千万，余各有差。当之官者，皆至西园谐价，然后得去。有钱不毕者，或至自杀。其守清乞不之官，皆迫遣之。又造黄金堂于西园，引司农金钱缯帛仞积其中，又还河间买田宅起第观。帝本侯家宿贫，每叹桓帝不能作家居，故聚为私藏，复藏寄小黄门常侍钱数千万，常云："张常侍是吾父，赵常侍是我母。"桓、灵之世，民困已极，犹复聚敛无厌，人民焉得不起而为盗乎？灵帝中平元年黄巾贼起，凉州复乱，自张角之乱，所在盗贼并起。博陵张牛角、常山褚飞燕，及黄龙左校于氐根、张白骑、刘石、左髭文八、平汉大计、司隶缘城、雷公、浮云、白雀、杨凤、于毒、五鹿、李大目、白绕、眭固、苦蝤之徒，不可胜数，大者二三万人，小者六七千人。董卓废少帝为弘农王而立献帝。献帝初平元年，关东诸郡皆起讨卓，其后群雄兼并，卒成三国之局，建安二十五年而曹丕篡汉。桓、灵之间，朝政极乱，而兵强天下，皇甫规立功于西羌，张奂著绩于乌桓、鲜卑，段颎虽凶残，其功尤大，朱儁、卢植、皇甫嵩亦所在有功。曹操、孙坚，三国之雄，皆当时武校。东汉人才本衰，而汉末转盛，人才之兴，盖有不知其所以然者也。

附录：魏武帝之政治与汉代士风之关系

《日知录》论风俗，以为三代以下，风俗之美者，无尚于东京，而以败坏风俗，归罪魏武，其言绝痛。

以吾观之，风俗之不得不变者，势也。观于汉魏诸子之所论，则魏武之所行，诚有所受之矣。仲长统《昌言》曰：

> 有天下者，莫不君之以王，而治之以道。道有大中，所以为贵也，又何慕于空言高论难行之术哉！

又曰：

> 如使王度昭明，禄除从古，服章不中法，则诘之以典制；货财不及礼，则间之以志故。向所称以清邵者，将欲何矫哉？向所叹云高洁者，将以何厉哉？故人主能使违时诡俗之行，无所复剀摩；困苦难为之约，无所复激切。步骤乎平夷之途，偃息乎大中之居，人享其宜，物安其所，然后足以称贤圣之王公，中和之君子矣。

夫言岂一端而已哉，后人之所以讴歌咏叹于东京风俗之美者，正当日明达之士所引为诟病，论史者其可不察乎此耶？

魏武之政治，大异于汉者三：一曰一之于法，一曰惟才是举，一曰绝朋党毁誉。魏武之成功在此，其必至于败坏东京之风俗者亦在此。汉初政治，操于文吏，儒生治经述古而已。自儒生以经义断事，乃由述古而变为法古，以经义修改时王之法制，而嬴秦法家政治之精神，尤为儒生所不取。子曰："导之以政，齐之以刑，民免而无耻。导之以德，齐之以礼，有耻且格。”儒家政治在于培养个人之美德，原不以法令整齐为极致也。夫道德在于淑身，非诧时以为名也，贵乎自发，非娇情以徇外也。虽然，以名为教，亦足以感发人之善心，使不肖者企而慕之，故名教尚焉。名教之成，赖有清议，清议之实，即为名教，而儒家之经典，则又名教清议之所本也。三者相依为用，见重于汉世，东京风俗之美，即由乎此。然非法家之所尚，魏武之一之于法，惟才是举，绝朋党毁誉，即对此而发也。

汉代法令与经义相违者，往往以经义修正法令，惟复雠一事，在经则奖之，于律则禁之，奖之则褒劝贼杀，禁之则阻绝孝心，皆不可为教也。《后汉书》所载复雠之事夥矣，或为父报雠，或为兄报雠，或为子弟报雠，亦有以身许人，为友报雠者；不畏强圉，不顾生死，可不谓难乎？《廿二史札记》论之曰：

> 自战国豫让、聂政、荆轲、侯嬴之徒，以意气相尚，一意孤行，能为人所不敢为，世竞慕之。其后贯高、田叔、朱家、郭解辈，徇人刻己，然诺不欺，以立名节。驯至东汉，其风益盛。盖当时荐举征辟，必采名誉，故凡可以得名者，必全力赴之，好为苟难，遂成风俗。

复雠之流弊，诚有如赵氏所论者；然刺客、游侠之雄，不见容于大一统之世，而复雠反足以致名声者，以有经义为之护持耳，故不得以刺客游侠为比。凡诸复雠，以义犯法，当时以其难能可贵，每屈法以生之，清议又从而褒之。《后汉书·郅恽传》云：

> 恽为友报雠，诣县以状自首。令应之迟，恽曰："为友报雠，吏之私也。奉法不阿，君之义也。亏君以生，非臣节也。"趋出就狱。令跣而追恽，不及，遂自至狱，令拔刃自向以要恽曰："子不从我出，敢以死明心。"恽得此乃出。

《后汉书·苏不韦传》云：

> 不韦以报父雠而掘李暠之父阜冢，断取阜头，以祭父坟。士大夫多讥其发掘冢墓，归罪枯骨，不合古义，唯任城何休方之伍员。太原郭林宗闻而论之曰："子胥虽云逃命，而见用强吴，凭阖闾之威，因轻悍之众，雪耻旧郢，曾不终朝，而但鞭墓戮尸，以舒其愤，竟无手刃后主之报。岂如苏子单特孑立，靡因靡资，强雠豪援，据位九卿，城阙天阻，宫府幽绝，埃尘所不能过，雾露所不能沾。不韦毁身燋虑，出于百死，冒触严禁，陷族祸门，虽不获逞，为报已深。况复分骸断首，以毒生者，使暠怀忿结，不得其命，犹假手神灵以毙之也。力唯匹夫，功隆千乘，比之于员，不亦优乎。"议者于是贵之。

《后汉书·张敏传》云：

建初中，有人侮辱人父者，而其子杀之，肃宗贳其死刑而降宥之，自后因以为比。是时遂定其议，以为《轻侮法》。

以官府之宽容，清议之褒重，故欲厚至名声者，翕然有慕乎是，复雠之风至汉末而尤盛。魏武建安十一年，令民不得复雠、禁厚葬，皆一之于法，乃所以矫其弊也。东汉之政宽，时之论者皆尚严刑。严也者，不为惠于法之内也。夫经律并用，至以经乱法，则法令何所取信于天下？故魏武之禁复雠，一之于法，亦迫不得已，乃所以对治汉人经律并用之失也。

汉代官人，偏于道德，重行而不重能，东汉尤甚。庸德庸行，不足以收名声而致青云，于是为人所难以致声称，尤以门生故吏报恩之事为多，樊鯈之言曰：“郡国举孝廉，率取年少能报恩者，耆宿大贤，多见废弃。”非所谓以义为利者哉！夫能行不必相兼，节义之士，不必有能，奖之可也，官之则不必称其职；故汉代察举之弊，其始则尚德而遗才，其极至于徇名而丧实。《抱朴子·名实篇》曰：

汉末之世，灵献之时，品藻乖滥，英逸穷滞，饕餮得志，名不准实。

此诚必然之效也。三国初年，如袁氏兄弟、孔融、张邈、刘表、王朗之徒，皆时下名士，而扶危定难，则非其所能任。名士如画饼，岂非然哉？故魏武一反汉人尚德重名之风，而惟才是求。建安十五年令曰：

孟公绰为赵、魏老则优，不可以为滕、薛大夫。若必廉士而后可用，则齐桓何以霸世！今天下得无有被褐怀玉而钓于渭滨者乎？又得无盗嫂受金而未遇无知者乎？二三子其佐我明扬仄陋，唯才是举，吾得而用之。

建安十九年令曰：

夫有行之士未必能进取，进取之士未必有行也。陈平岂笃行，苏秦岂守信邪？而陈平定汉业，苏秦济弱燕。由此言之，士有偏短，庸可废乎！有司明思此义，则士无遗滞，官无废业矣。

魏武之求才，乃对东汉尚名之风气而发，其用人也，才必称位，能必称官，惟才能是求；故邺、许人才之盛，为汉末群雄所不逮，即吴、蜀比之，亦多逊焉。

清议品藻与朋党毁誉乃一事之两面，魏武既用人惟才，责实课功，故视朋党为乱政之工具。建安十年魏武令曰：

阿党比周，先圣所疾也。闻冀州俗，父子异部，更相毁誉。昔直不疑无兄，世人谓之盗嫂；第五伯鱼三娶孤女，谓之挝妇翁；王凤擅权，谷永比之申伯；王商忠议，张匡谓之左道。此皆以白为黑，欺天罔君者也。吾欲整齐风俗，四者不除，吾以为羞。

此对汉代清议品藻而发也。汉代交游之滥，毁誉之诬，王符、徐干、葛洪论之详矣。《潜夫论·务本篇》曰：

今多务交游以结党助，偷世窃名以取济渡，夸末之徒，从而顺之，此逼贞士之节，而眩世俗之心者也。

《中论·谴交篇》曰：

世之衰也，序爵听无证之论，班禄采方国之谣。民见其如此者，知富贵可以从众为也，知名誉可以虚哗获也。乃离其父兄，去其邑里，不修道艺，不治德行，讲偶时之说，结比周之党，汲汲皇皇，无日以处，更相叹扬，迭为表里，梼杌生华，憔悴布衣，以欺人主、惑宰相、窃选举、盗荣宠者，不可胜数也。既获者贤己而遂往，羡慕者并驱而追之，悠悠皆是，孰能不然者乎？桓灵之世，其甚者也。自公卿大夫、州牧郡守，王事不恤，宾客为务，冠盖填门，儒服塞道，饥不暇餐，倦不获已，殷殷沄沄，俾夜作昼。下及小司，列城墨绶，莫不相商以得人，自矜以下士，星言夙驾，送往迎来，亭传常满，吏卒传问，炬火夜行，阍寺不闭，把臂捩腕，扣天矢誓，推托恩好，不较轻重，文书委于官曹，系囚积于囹圄，而不遑省也。详察其为也，非欲忧国恤民，谋道讲德也，徒营己治私，求势逐利而已。有策名于朝而称门生于富贵之家者，比屋有之。为师而无以教，弟子亦不受业。然其于事也，至乎怀丈夫之容而袭婢妾之态，或奉货而行赂以自固结，求志属托，规图仕进，然掷目指掌，高谈大语。若此之类，言之犹可羞，而行之者不知耻。嗟乎！王教之败，乃至于斯乎！

《抱朴子·汉过篇》曰：

于时率皆素餐偷容，掩德蔽贤。忌有功而危之，疾清白而排之，讳忠谠而陷之，恶特立而摈之。柔媚者受崇饰之祐，方棱者蒙讪弃之患。养豺虎而歼驎虞，殖枳棘而剪椒桂。于是傲兀不检，丸转萍流者，谓之弘伟大量；苛碎峭崄，怀螫挟毒者，谓之公方正直；令色警慧，有貌无心者，谓之机神朗彻；利口小辩，希指巧言者，谓之标领清妍。

夫禁复雠则侠义不复，取人以才则名节日衰，禁朋党毁誉则清议绝息，此皆后人之所致殷叹者矣。明于仲长统所论，则知魏武无可深责，其所实行者，东汉以来之法家思想也。岂仅魏武为如是哉？刘备、孙权之所措施，亦与魏武相伯仲也。文质再而复，其不得不变者势也，非偶然也。呜呼！以法御民，而责民以高尚之道德，已为大愚，而况乎上无道揆，下无法守之世哉？

十六　政治思想

欲论秦汉之政治思想，自以儒、法、道三家为著，顾汉之儒、法、道异于先秦，此不可不辨。汉人言黄老，则清静无为、谦退养生而已，不非毁礼法，远慕皇古。（汉魏言老庄，则以放任自然为宗，不关世用。）汉代法家务于综核名实，以德教为常道，不可以治乱，而以刑罚为之佐助焉，非任法术而废德教，亦不尊君国而奖耕战，乃对儒家政治之流弊加以修正。（原始之法家，亦儒家之别派，李克、吴起是也，至商鞅以农战为国策，务于兼并，始与儒学不合。）世皆称之为法家，今亦以法家目之。汉世儒者有上接先秦大同之统绪而言禅让、言选贤者，有俯察时势因时立法者。（此即汉初之改制派。）其末流有专言复古而留意于礼文者，有高谈仁义，不识时务，惠而不知为政者，皆非先秦之旧。又周末以至汉武（或至王莽）之历史为一阶段，东汉之政治思想与学术思想皆下开魏晋，而政治则东汉自成形式，与西汉元、成、哀、平略似，断代史不能如通史与专史之易合史实，此亦所当言者。

秦用法家政治，其功有二：一为以武力作成统一，一为去贵族阶级。然其遗礼义而趋事功，废德教而专任刑罚，则为汉初儒者所诟病。此非法家之流弊，乃法家之本然。商君《开塞篇》曰：

> 故王者刑用于将过，则大邪不生；赏施于告奸，则细过不失。治民能使大邪不生，细过不失，则国治。国治必强。

《去强篇》曰：

> 国强而不战，毒输于内，礼乐虱官生必削。国遂战，无礼乐虱官必强。

《说民篇》曰：

> 民之所欲万，而利之所出一。民非一，则无以致欲，故作一。作一则力抟，力抟则强；强而用，重强。故能生力，能杀力，曰攻敌之国，必强。塞私道以穷其志，启一门以致其欲。使民必先行其所恶，然后致其所欲，故力多。力多而不用则志穷，志穷则有私，有私则有弱。故能生力，不能杀力，曰自攻之国。

法家之要务有三，恃法以为治，故严刑罚而废德教；以农战立国，故驱民于耕战，而塞诗书文学之途；

以敌国为输毒之所，故贵斗争而贱和平。无德教礼乐则其民如虎狼，在上者一失其统制之力，则群起为乱，天下一统，无输毒之所，则毒溃于内，故法家政治不宜于大一统之世。汉祖定天下，陆贾造《新语》，即以儒术而攻法家，《新语·道基篇》曰：

> 夫谋事而不并仁义者后必败，殖不固本而立高基者后必崩。故圣人防乱以经艺，正工曲以准绳。德盛者威广，力盛者骄众。齐桓公尚德以霸，秦二世尚刑而亡。

《至德篇》曰：

> 天地之性，万物之类，懐道者众归之，恃刑者民畏之；归之则附其侧，畏之则去其域。故设刑者不厌轻，为德者不厌重，行罚者不患薄，布赏者不患厚，所以亲近而致疏远。夫形重者则身劳，事众者则心烦，心烦者则刑罚纵横而无所立，身劳者则百端回邪而无所就。

此即秦汉间儒家对法家政治之掊击。诸子学在战国末期已由互相攻击而互相采取，故有杂家出而混合之。汉代诸子之学未尝绝，而皆失其特性。汉初政治矫秦之失，必与民休息，轻徭薄赋，盖公言治道贵清静，与陆贾言道莫大于无为，虽一为道家，一为儒家，而所见则一。汉初言黄老者，惟言清静无为，既不言君人之术，亦不非毁礼法。汉初政治虽曰“黄老”，实各家所同，贾谊、晁错明申商，其言与申商实反，而纯为儒术，亦非法家之本然也。故诸子之修正在武帝罢黜百家之前已如此，道家思想之用于政治者，不若其用于人生者之多。（汉人清静致治，晋人清谈误国，皆非老庄之本然，而为汉人之黄老与晋人之庄老耳。）汉代政治思想纷歧，始于汉文帝之世，然与其谓贾谊之儒家政治与汉廷之黄老政治不合，无宁谓之新旧之争，汉廷大臣皆起军吏，初不知学术也。贾谊之攻击法家政治者，曰：“遗礼义弃仁恩，并心于进取，行之二岁，秦俗大败。”董仲舒继起，言曰：

> 夫万民之从利也，如水之走下，不以教化堤防之，不能止也。是故教化立而奸邪皆止者，其堤防完也；教化废而奸邪并出，刑罚不能胜者，其堤防坏也。古之王者明于此，是故南面而治天下，莫不以教化为大务。立太学以教于国，设庠序以化于邑，渐民以仁，摩民以谊，节民以礼，故其刑罚甚轻而禁不犯者，教化行而习俗美也。圣人之继乱世也，扫除其迹而悉去之，复修教化而崇起之。教化已明，习俗已成，子孙循之，行五六百岁尚未败也。

贾谊始专重教化，董仲舒始言教化之原。教化之原非他，学校是也。学校之所教者为六经，诸不在六艺之科、孔子之术者，勿使得进。于是经学遂成为国人行事之准则。政治出于人君，教化则掌之师儒，人君既服膺六经孔子之教，官吏又为儒者，此为儒者与君主结合后之形式。儒家政治以民为本，既与君主结合，不能不变，于是汉儒言《春秋》为汉制作，大一统之义所以维持统一，敬天重民之义所以节制君权，儒者承继法家政治之后而以《春秋》代之也。然公羊家言三统以致禅让之意，言三世以致其进步之意，未尝以当时之实际政治为满足，其后斯义不明，所谓三统三世者，按之经文则为蛇足，以注释之义律之，则未免于附会也。（经学为儒家与历史结合而成。）董仲舒曰：

> 臣谨案《春秋》谓一元之意，一者，万物之所从始也；元者，辞之所谓大也。谓一为元者，视大始而欲正本也。《春秋》深探其本而反自贵者始，故为人君者正心以正朝廷，正朝廷以正百官，正百官以正万民，正万民以正四方。四方正，远近莫敢不壹于正，而亡有邪气奸其间者。是以阴阳调而风雨时，群生和而万民殖，五谷熟而草木茂，天地之间被润泽而大丰美，四海之内闻盛德而皆徕臣，诸福之物，可致之祥，莫不毕致，而王道终矣。

儒家政治最终理想即在群生和而万民殖，礼家可谓大同，《春秋》家所谓太平，皆是如此。（儒家修礼义以达大顺，道家非毁礼法而欲坐致太平，所以不同。）孔子曰："修己以安人，修己以安百姓。"董生之言即孔子之注脚，与法家政治之目的在于富强者，区以别矣。

自陆贾昌言诋秦之政治，贾、董继之以恢复三代之礼乐教化为事，汉廷多采用之，然儒家思想之与君主政治相抵触者，则非人主所乐闻，汉人言明堂为议会政治，赵绾、王臧见杀，其后眭孟、盖宽饶亦以言禅让诛戮，王莽之受汉禅与禁止买卖田宅奴婢，实受儒家政治思想之影响。其后变而为《太平经》，假以神道，遂有米贼黄巾。其不与君主抵触者，汉初政治亦往往与之暗合。自武帝崇儒以来，势力益大，昭帝时之议盐铁，文学之论即可以代表此种思想。（举其要者，一曰不与民争利，二曰崇本抑末，三曰藏富于民，四曰制地均民，五曰尚德缓刑，六曰重礼轻利，七曰以礼防淫，八曰偃武修文。）然不明时势，泥古不化，所以见讥于文吏。《盐铁论·忧边篇》大夫曰：

圣主思念中国之未宁，北边之未安，故使廷尉评等问人间所疾苦，拯恤贫贱，周赡不足。君臣所宣明王之德安宇内者，未得其纪，故问诸生。诸生议不干天则入渊，乃欲以闾里之治况国家之大事，亦不几矣。发于畎亩，出于穷巷，不知冰水之寒，若醉而新寤，殊不足与言也。

《褒赏篇》大夫曰：

今文学言治则称尧舜，道行则称孔墨，授之政则不达，怀古道而不能行。

又曰：

> 歌者不期于利声而期于中节，论者不期于丽辞而务在事实。善声者而不知转，未可谓能歌也；善言而不知变，未可谓能说也。持规而非矩，执准而非绳，通一孔晓一理而不知权衡。

大夫讥文学之言，后世腐儒言政，往往类此。以经学成功以后，学者思想以经为依归，而无所发明故也。经义虽炳如日星，亦不能刻舟求剑，迂儒鄙生不识时务，高谈而不切世用。（然学儒不成，亦可正人心厚风俗，所差在知常而不知变耳。）故元、成以后儒者惟知复古，无复有汉初诸大儒之闳议者。（自董仲舒以后，儒者言政，类皆因事纳忠，虽有益时政，其思想皆是因袭，无足称数。）若言东汉政治思想，则当以崔实、仲长统为特殊，吾常谓经学为汉代之学术，（非谓经之本文。）与汉代之政治相配。吾国未有经学以前，无统一之思想，有经学以后，即小有出入，亦无害大同。东汉中叶，政治日趋败坏，风俗日益淫侈，当时固以儒家政治相号召，故崔实、仲长统皆以为儒不适于此衰乱之世，与先秦法家排斥儒术不同，而其以刑致治，亦与儒者言尚德缓刑异。崔实《政论》曰：

> 夫风俗者，国之脉诊也。年谷如其肌肤，肌肤虽和而

脉诊不和，诚未足为休。《书》曰“虽休勿休”，况不休而可休乎？自汉兴以来，三百五十余岁矣。政令垢玩，上下怠懈，风俗雕敝，人庶巧伪，百姓嚣然，咸复思中兴之救矣。且济时拯世之术，岂必体尧蹈舜然后乃理哉？期于补绽决坏，枝柱邪倾，随形裁割，取时君所能行，要措斯世于安宁之域而已。故圣人执权，遭时定制，步骤之差，各有云设。不强人以不能，背所急而慕所闻也。昔汉武皇帝策书曰：“三代不同法，所由殊路，而建德一也。”盖孔子对叶公以来远，哀公以临民，景公以节礼，非其不同，所急异务也。是以受命之君，每辄创制；中兴之主，亦匡时失。昔盘庚愍殷，迁都易民；周穆有阙，甫侯正刑。俗人拘文牵古，不达权制。奇伟所闻，简忽所见。策不见珍，计不见信。夫人既不知善之为善，又将不知不善之为不善，乌可与论国家大事哉！

又曰：

今既不能纯法八世，故宜参以霸政，则宜重赏深罚以御之，明著法术以检之。何以明其然也？近孝宣皇帝明于君人之道，审于为政之理，故严刑峻法，破奸轨之胆，海内肃清，天下密如。嘉瑞并集，屡获丰年，荐勋祖庙，享号中宗，算计见效，优于孝文。及元帝即位，多行宽政，卒于堕损，威权始夺，遂为汉室基祸之主。治国之道，得失之理，于是可以鉴矣。昔孔子作《春秋》，褒齐桓，懿晋文，叹管仲之功，夫岂不美文武之道哉，诚达权救弊之理也。故圣人能与世推移，而俗士苦不知变，乃为结绳之约，可以复理乱秦之绪，干戚之舞，足以解平城之围。夫熊经鸟伸，虽延历之术，非伤寒之理；呼吸吐纳，虽度纪之道，非续骨之膏。盖为国之道，有似理身；平则致养，疾则攻焉。夫刑罚者治乱之药石也，德教者兴平之粱肉也，夫以德教除残，是以粱肉理疾也，以刑罚理平，是以药石供养也。

崔实之言，固未尽当，盖汉代非不用刑罚，乃刑罚不中，（迂儒讳言刑罚亦非。）而以刑罚理乱，则为儒者所不敢言，崔实之特点在此。其言随形裁割，取时君所能行，措斯民于安宁之域，亦对儒者泥古而发，言虽浅近，实非当时儒者之恒言，故仲长统极称其言，谓凡为人主宜写一通置之坐隅，以其思想相近耳。仲长统《昌言》曰：

德教者，人君之常任也，而刑罚为之佐助焉。古之圣帝明王，所以能亲百姓，训五品，和万邦，蕃黎民，召天地之嘉应，降鬼神之吉灵者，实德是为，而非刑之攸致也。至于革命之期运，非征伐用兵，则不能定其业；奸轨之成群，非严刑峻法，则不能破其党。时势不同，所用之数亦宜异也。教化以礼义为宗，礼义以典籍为本，常道行于百世，权宜用于一时。高辛以往，则闻其人而不见其书，唐、虞、夏、殷则见其书而不详其事，周氏以来，载籍具矣，所不可得而易者也。故制不足则引之无所至，礼无等则用之不可依，法无常则网罗当道路，教不明则士民无所信。引之无所至，则难以致治；用之不可依，则无所取正；网罗当道路，则不可得而避；士民无所信，则其志不知所定，非治理之道也。诚令方来之作，礼简而易用，仪省而易行，法明而易知，教约而易从，篇章既著，勿复刊剟，仪故既定，勿复变易，而人主临之以至公，行之以至仁，壹德于恒久，先用之己身，又使通治乱之大体者，总纪纲而为辅佐，知稼穑之艰难者，观民事而布惠利。政不分于外戚之家，权不入于宦竖之门，下无侵民之吏，京师无佞邪之臣，则天神可降，地祇可出。

其言远较崔实为深远，以儒术为常道，而不适于治奸轨，则与崔实略同。若其言礼义法教，取其简易，又非汉世复古诸儒所敢望也。儒家末流诚有贵古而忽今，向声背实之弊，知常而不知变，致其弊已著，犹不敢昌言革之，崔实、仲长统信为敢言之士，而魏武帝之政治，则为法家政治思想之实现焉。

十七　法吏与法律

秦焚诗书，为儒生以古非今也，法令为当官理民之务，学法令者以吏为师，所以儒生而尊法令，亦即所以尊时王之政而废先王之政。荀子《非相》曰："彼后王者天下之君也，舍后王而道上古，譬之是犹舍己之君而事人之君也。"荀卿者，李斯所从受法。李斯相秦，大变先王之政，以吏为师，岂不宜哉。汉兴因而不改，以文法吏治民，《高祖纪》云"吏以文法教训辨告"是也。其时大臣，或起于文法，或出于武功，遂成法吏政治。贾谊非之，曰："文法之吏，务在筐箱，不知大体。"此以儒生而攻击法吏耳。汉世儒生与文吏分途，《文翁传》云："乃选郡县小吏开敏有材者张叔等十余人，亲自饬厉，遣诣京师，受业博士，或学律令。"《后汉书·左雄传》云："诸生试家法，文吏课笺奏。"《胡广传》云："诸生试经学，文吏试章奏。"王充《论衡·量知》《程材》《谢短》诸篇，即在评论儒生与法吏之优劣，以其相非故耳。儒者之非文吏固然，而重法吏者亦轻儒士，《汉书·朱博传》云：

博尤不爱诸生，所至郡辄罢去议曹，曰："岂可复置谋曹耶？"文学儒吏时有奏记称说云云，博见谓曰："如太守汉吏，奉三尺律令以从事耳，无奈生所言圣人之道何也！且持此道归，尧舜君出，为陈说之。"

《薛宣传》云：

栎阳令游自以大儒有名，轻宣。宣独移书显责，以相参检。

文法儒生之不同，自其大者言之，儒生之为政，乃有其政治思想，不欲苟且因循，而文吏则守法以为治，不欲高道上古。自其小者言之，儒生为政主于宽容，而弊在舒缓，文吏主于严整，而失之刻深。《汲黯传》云：

黯时与汤论议，汤辩常在文深小苛，黯愤发，骂曰："天下谓刀笔吏不可为公卿，果然，必汤也。"

《后汉书·宋均传》云：

均性宽和，不喜文法，常以为吏能弘厚，虽贪污放纵，犹无所害；至于苛察之人，身或廉法，而巧黠刻削，毒加百姓，灾害流亡，所由而作。

然儒术法令者，所业之不同耳，或宽或刻，亦往往根于性情。《后汉书·广陵思王荆传》云："荆性刻急隐害，有才能而喜文法。"此性与学相合者也。《张酺传》云："酺虽儒者，而性刚断，下车擢用义勇，搏击豪强。"《陈忠传》云："忠自以世典刑法，用心务在宽详。"此性与学相反者也，故知为政之宽猛虽有文法经术之不同，亦系其性情之所偏焉。近儒章太炎师著《原法》，及刘申叔先生著《儒学法学分歧论》，皆以古文学者不喜今文，颇讥西汉师儒而右法吏，殆非持平之道耶？夫儒者以通经服古为职，法吏以奉行时宪为功，一为学术，一为政治，自贾谊、董生之伦就儒术以评时政，儒术渐尊，而其取得政治地位，则亦有渐矣。《汉书·终军传》云：

> 元鼎中，博士徐偃使行风俗。偃矫制，使胶东、鲁国鼓铸盐铁。还，奏事，徙为太常丞。御史大夫张汤劾偃矫制大害，法至死。偃以为《春秋》之义，大夫出疆，有可以安社稷，存万民，颛之可也。汤以致其法，不能诎其义。有诏下军问状，军诘偃曰："古者诸侯国异俗分，百里不通，时有聘会之事，安危之势，呼吸成变，故有不受辞造命颛己之宜；今天下为一，万里同风，故《春秋》'王者无外'。偃巡行封域之中，称以出疆何也？且盐铁，郡有余臧，正二国废，国家不足以为利害，而以安社稷、存万民为辞，何

也？”又诘偃：“胶东南近琅邪，北接北海，鲁国西枕泰山，东有东海，受其盐铁。偃度四郡口数田地，率其用器食盐，不足以并给二郡耶？将势宜有余而吏不能也。何以言之？偃矫制而鼓铸者，欲及春耕种赡民器也。今鲁国之鼓，当先具其备，至秋乃能举火。此言与实反者非？偃已前三奏，无诏，不惟所为不许，而直矫作威福，以从民望，干名采誉，此明圣所必加诛也。‘枉尺直寻’，孟子称其不可；今所犯罪重，所就者小，偃自予必死而为之耶？将幸诛不加，欲以采名也？”偃穷诎，服罪当死。军奏“偃矫制颛行，非奉使体，请下御史征偃即罪”，奏可。上善其诘，有诏示御史大夫。

《隽不疑传》云：

始元五年，有一男子乘黄犊车，建黄旐，衣黄襜褕，著黄冒，诣北阙，自谓卫太子。公车以闻，诏使公卿将军中二千石杂识视。长安中吏民聚观者数万人。右将军勒兵阙下，以备非常。丞相御史中二千石至者并莫敢发言。京兆尹不疑后到，叱从吏收缚。或曰：“是非未可知，且安之。”不疑曰：“诸君何患于卫太子！昔蒯聩违命出奔，辄距而不纳，《春秋》是之。卫太子得罪先帝，亡不即死，今来自诣，此罪人也。”遂送诏狱。天子与大将军霍光闻而嘉之，曰：“公卿大臣当用经术明于大谊。”

《夏侯胜传》云：

> 昌邑王嗣立，数出。胜当乘舆前谏曰："天久阴而不雨，臣下有谋上者，陛下出欲何之？"王怒，谓胜为妖言，缚以属吏。吏白大将军霍光，光不举法。是时，光与车骑将军张安世谋欲废昌邑王。光让安世以为泄语，安世实不言。乃召问胜，胜对言："在《洪范传》曰'皇之不极，厥罚常阴，时则下人有伐上者'，恶察察言，故云臣下有谋。"光、安世大惊，以此益重经术士。

此数事皆直接与实政有关，所谓通经致用者非耶？《汉书·匡张孔马传赞》曰：

> 自孝武兴学，公孙弘以儒相，其后蔡义、韦贤、玄成、匡衡、张禹、翟方进、孔光、平当、马宫及当子晏咸以儒宗居宰相位。

盖文景以前，法吏为政，而儒者竭力攻之。武宣之世，儒术渐兴，元成以来，尊儒生而黜法吏，其大较如此。惟尊崇太过，弊亦随之，戴圣虽吏治不足，恒见优容，薛宣虽为政可观，不为世重，此岂崇儒之本意哉？然儒生之弊又不如法吏之甚，路温舒之言曰：

> 今治狱吏则不然，上下相殴，以刻为明，深者获公名，平者多后患。故治狱之吏皆欲人死，非憎人也，自安之道在

人之死。

温舒尝为狱小吏，其言深察人心之微，此宋均之所深恶夫法吏者欤？

汉廷既崇儒，而汉所沿用者为秦法。秦用法家，其制法之意颇与儒家思想相违反，自不得不以儒术变更旧法。《汉书·高后纪》诏曰：“前日孝惠皇帝言欲除三族辠、妖言令，议未决而崩，今除之。”法家严刑峻罚以止奸，为使人畏罪而不敢犯，虽惨酷不顾也。夷三族之法，为秦人之旧法，而与儒家罪人不孥、罪不相及之义相违，故除之。又法家尊君卑臣，臣下守法而不敢有所是非，商君治秦，秦民初言令不便与后言令便者，皆科其罪，其意在此。于是民有异议，皆目为诽谤妖言，其极也人君暴恣于上，而下臭敢言，天下已乱，尚谓之安，秦已自食其报矣。儒家于臣民则曰天下有道则庶民不议，于人君则以从谏为美。汉人除妖言令，亦以儒家思想改变法家律令也。《汉书·贾谊传》云：

> 夫尝已在贵宠之位……今而有过，帝令废之可也，退之可也，赐之死可也，灭之可也。若夫束缚之，系緤之，输之司寇，编之徒官，司寇小吏詈骂而榜笞之，殆非所以令众庶见也。

是时丞相周勃免就国，人有告勃谋反，遂系长安狱，治卒无事，故谊以此讽上，上深纳其言，养臣下有节。是后大臣有罪皆自杀，不受刑。法家持法以为治，于守法之外无有教化，故其制法有禁奸而无劝善，儒家以刑辅礼，即用刑之中亦含教化之意，故曰“有耻且格”。刑不上大夫，所以养耻，不加以刑，而使其自杀，是于刑罚之外，又加以礼义之防，待大夫者固厚，而所以责之者亦厚，此亦以儒家思想变更其旧法也。《宣帝纪》诏曰：

自今子匿父母，妻匿夫，孙匿大父母，皆勿坐。

如是而连坐者，亦秦之旧法也，此缘法家有国而无家，有尊尊而无亲亲，故视此为当然，汉朝以孝治天下，教之所施，为法之所禁，安得不变改而从教乎？复雠之法亦如是也。《后汉书·张敏传》云：

建初中，有人侮辱人父者，而其子杀之，肃宗贳其死刑而降宥之，自后因以为比。是时遂定其议，以为《轻侮法》。（汉代复雠之风，详见拙著《魏武帝之政治与汉代士风之关系》。）

其余若保护贫穷与矜宥老弱之法令，亦皆源于儒家思想，《后汉书·光武纪》诏曰：“天地之性人为贵，其杀奴婢不得减罪。”法家奖励生产以发展人类优越之天才，故其立法无保护贫困之科，杀奴一事，在西汉官吏有科其罪者，而国家明文规定，则自光武始。《汉书·孝惠纪》诏：“民年七十以上，若不满十岁，有罪当刑者，皆完之。”《刑法志》云：

孝景后元三年诏曰：“高年老长，人所尊敬也；鳏寡不属逮者，人所哀怜也。其著令：年八十以上，八岁以下，及孕者未乳，师、朱儒当鞠系者，颂系之。”至孝宣元康四年，又下诏曰：“朕念夫耆老之人，发齿堕落，血气既衰，亦无暴逆之心，今或罗于文法，执于囹圄，不得终其年命，朕甚怜之。自今以来，诸年八十非诬告杀伤人，它皆勿坐。”至成帝鸿嘉元年，定令：“年未满七岁，贼斗杀人及犯殊死者，上请廷尉以闻，得减死。”合于三赦幼弱老眊之人。

此其立法之意，皆源于儒术而与法家相违者也。不仅立法不同，用法之意亦迥别，法家不为惠于法之内，其用刑以平为至上，儒家以刑辅礼之穷，即不得已而用刑，亦求所以生之。《汉书·王嘉传》云：

圣王断狱，必先原心定罪，探意立情，故死者不抱恨而入地，生者不衔怨而受罪。

此种议论在汉极为普遍，亦儒术见伸之一效也。然原情定罪，其弊必至以意为轻重，此亦儒者用刑所以见讥于后世者欤！

法吏、儒生虽有盛衰，法吏、儒生终为二事，而法吏与儒术由分而合，在西汉以儒生而兼通法令者有也，然或得之于家学，或得之于吏职，或由入仕之后而得见法令。东汉以后，法律之学传于民间，若儒者之传经，此一大变矣。《后汉书·郭躬传》云：

父孔习小杜律，躬少传父业，讲授徒众常数百人。

《钟皓传》云：

世以诗律教授，门徒千人，而律本之传于民间，更在其前。

《陈宠传》云：

曾祖咸，成、哀间以律令为尚书，莽复征咸，咸遂称病笃，于是乃收敛其家律令书文，皆壁藏之。

既有律本，又公开教授，于是法律之学与经籍相等，郭躬、郭镇、陈宠、陈忠诸人，不仅缘引经文，考其行事，实粹然儒者，律令不为文吏专有而成为普通之学术，赖有此耳。夫李斯以儒者为秦制法，抑儒而崇法，汉兴儒术渐兴，又黜法而崇儒，儒生、法吏遂为二类，即有兼习者，亦不以法律普教于人，自郭躬、陈宠以来，律令遂成为普通学术，郑玄、应劭而后，律令遂为儒学之一事，故法吏、儒生虽为二，而律令与儒术则合流，盖律令久已渗合儒术故耳。此非学术史上一大变耶？

自李悝著《法经》六篇，商鞅用之以相秦，汉承秦制，萧何造《九章律》。文帝除肉刑，外有轻刑之名，内实杀人，故孝景改定箠律，自是箠者得全，然死刑重而生刑又轻，人易犯之。孝武征发烦数，人穷犯法，故设遁匿之科，著知纵之律。宣帝患刑法不一，置廷尉平四人，平之。元帝法律少所变更，孝成、孝哀，承平继体，丞相王嘉，亏除旧约，定令断律，凡百余事。章帝时，郭躬条奏请重文可从轻者四十一事，著于令，陈宠又代郭躬为廷尉，帝纳宠言，除钻钻诸惨酷之科，解妖恶之禁，又除文致请谳五十余事，宠复钩校律令条法溢于甫刑者奏除之。汉律以秦律为本，历世增改，颇采用儒术，如前所云。自董仲舒以《春秋》决狱，张汤附会经义，可以意为轻重，遂失法家一定之意。宣帝之廷尉平，即所以平处违异，故郑昌上疏以为若开后嗣，不若删定律令，律令一定，愚民知所避奸，吏无所弄矣。汉律之大修改，则以郭躬、陈宠为最。萧何《九章》之外，叔孙通益律所不及傍章十八篇，张汤越宫律二十七篇，赵禹朝律六篇。又汉时决事集为令甲以下三百余篇，此与《九章律》相辅而行者也。

十八 选举与学校

《淮阴侯传》云："贫无行，不能推察为吏。"是秦有察吏之法也。《始皇本纪》云："若欲有学法令者，以吏为师。"学法令当可为文吏，是秦时有行者，学法吏者皆可为吏也。《叔孙通传》云："以文学征待诏博士。"则秦亦有征召。汉代登进人才之法至武帝时而定，汉初谅与秦不相远，《艺文志》言：

> 汉兴，萧何草律，亦著其法曰："太史试学童，能讽书九千字以上，乃得为史。又以六体试之，课最者以为尚书御史史书令史。"

课试学僮使之为史以学法令，此一道也。二千石子弟任富赀为郎。（张释之之贤，司马相如之才，皆以赀为郎，其势然也。）《百官表》言议郎、中郎、侍郎、郎中皆无员，多至千人，此又一道也。其次为特征。武帝之征申公、枚乘，（吴王亦聘邹阳。）为特殊盛典。

又其次为上书言事，以其去战国未远，游士之习尚存，刘敬以言事得幸，东方朔、朱买臣、主父偃、徐乐、严安上书言世务。（《东方朔传》云："武帝初即位，征诏天下举方正贤良文学材力之士，待以不次之位，四方士多上书言得失，自衒鬻者以千数，其不足采者，辄报闻罢。"）私人荐举亦间有之，廷尉吴公之荐贾生，文帝召以为博士是也。（晁错以文学为太常掌固，宜亦出于荐举或推察，注引《汉旧仪》："太常博士弟子，射策，中甲科补郎，中乙科补掌故。"非也。其时未开学校，此文学非指学校。）任子为世卿之变象，法家去贵族，任子之制谅非秦人所有，盖汉初有军功者封侯，子孙世袭，惩秦专利而亡，故于官吏亦使之任子以安其心。汉初于豪宗富人既徙之以卫陵邑，其势正盛之商贾亦困辱之，乃使中产之家入赀为郎，亦虞诩使四府九卿辟凉州人之意。（入赀为郎者多不得意而归，张释之、司马相如是也。入钱赏官亦不得右职，黄霸是也。）景帝以前为官，必赀在十算以上，景帝后二年乃改为四算，十算十万之家，中人之产也。豪富为朝廷所恶，贫人无恒产者又易为非，是汉初官吏率中人之产也。任子之非善制，王吉曾为宣帝言之。吉之言曰：

> 舜、汤不用三公九卿之世而举皋陶、伊尹，不仁者远。今使俗吏得任子弟，率多骄骜，不通古今，至于积功

> 治人，无益于民，此《伐檀》所为作也。宜明选求贤，除任子之令。

当时不能用，至哀帝始除任子令。（此为儒家平等思想最盛之时。）东京任子如故，非由人君以天下为私有，故以治民之官为报功之具耶？

高祖下诏，求贤未立科目，文帝以后乃有贤良之科。文帝二年诏曰："举贤良方正能直言极谏者，以匡朕之不逮。"武帝建元元年诏丞相、御史、列侯、中二千石、诸侯相举贤良方正、直言极谏之士。然此乃特科而非常科，特科须下诏书然后举，常科则有一定时间，不须下诏书。汉武帝以后人才正常之出身有二途，一为学校，二为选举。选举以茂才、孝廉为常科，二者皆自董仲舒发之。武帝元光元年初令郡国举孝廉各一人，元封四年令诸州岁各举秀才一人，后避光武讳改曰"茂才"。《后汉书·丁鸿传》云：

> 和帝时大郡口五六十万举孝廉二人，小郡口二十万并有蛮夷者亦举二人，帝以为不均，下公卿会议。鸿与司空刘方上言："凡口率之科，宜有阶品，蛮夷错杂，不得为数。自今郡国率二十万口岁举孝廉一人，四十万二人，六十万三人，八十万四人，百万五人，百二十万六人。不满二十万二岁一人，不满十万三岁一人。"帝从之。

是武帝时郡国皆举一人，其后有增益，至和帝时始以二十万举一人为率。《续汉书·百官志》所谓郡国二十万举一人，乃和帝以后之制。章帝诏书云：“茂才、孝廉岁以百数。”汉之得人当以此二科为多。州举茂才，郡举孝廉，州少郡多，则孝廉又远较茂才为多。法制久则生弊，防制之法遂兴。《后汉书·左雄传》云：

> 请自今孝廉不满四十不得察举。

此限年也。《黄琼传》云：

> 左雄前议举吏先试之于公府，又覆之于端门，后尚书张盛奏除此科。黄琼复上言：“覆试之作，将以澄洗清浊，覆实虚滥，不宜改革。”帝乃止。

此覆试也。举人之资格，黄琼复有增益。《黄琼传》云：

> 以前左雄所上孝廉之选，专用儒学文吏，于取士之义，犹有所遗，乃奏增孝悌及能从政者为四科。

其不得察举孝廉者，赃吏子孙与侍中、尚书、中臣子弟，所以惩恶及防滥举也。《续汉书·百官志》引胡广曰：“州又状州中吏民秀才异等岁举一人。”此常科之秀才也。又有特科之茂才，如元帝建昭四年举茂才特立之士之类。茂才、孝廉吏民兼取，为汉代人才进身之大路，故举人与举主之关系甚深。《后汉书·樊鲦传》云：“郡国举孝廉，率取少年能报恩者。”东汉报恩之风气与奇节伟行，皆与选举制度有关。请托之风亦盛。《后汉书·蔡衍传》云：“迁冀州刺史，中常侍具瑗托其弟恭举茂才，衍不受。”《种暠传》云：“时河南尹田歆外甥王谌，名知人，歆谓之曰：‘今当举六孝廉，多得贵戚书命，不宜相违，欲自用一名士以报国家，尔助我求之。’”此请托之滥也。当时以举主门生关系太深，洁行之士亦不欲应举。《桓鸾传》云：“以州郡多非其人，耻不肯仕，年四十余，时太守向苗有名迹，乃举鸾孝廉。”《张俭传》云：“俭初举茂才，以刺史非其人，谢病不起。”王符《潜夫论·考绩篇》云：

> 群僚举士者，或以顽鲁应茂才，以桀逆应至孝，以贪饕应廉吏，以狡猾应方正，以谀谄应直言，以轻薄应敦厚，以空虚应有道，以嚚暗应明经，以残酷应宽博，以怯弱应武猛，以愚顽应治剧，名实不相副，求贡不相称。

东汉贡举之弊各科皆然，在位者所以多非其人也。

汉代茂才、孝廉之外，累举者为贤良方正、直言极谏之士，乃求言性质，必须策试，近于考试而非考试，与孝廉之覆试、博士弟子之射策不同。此科两汉多举之，置身仕途者，亦得应举。东汉于贤良直谏之外又举有道，其性质相同。安帝建光元年举有道之士，陈忠上疏云："若有道之士对问高者，宜垂省览，以广直言之路。"书御，有诏拜有道高第士沛国施延为侍中。灵帝建宁二年举有道之士，谢弼与东海陈敦、玄菟公孙度俱对策，皆除郎中，此乃求言性质，对策高第则登进于朝，不能则报罢也。两汉特科，自贤良方正、直言极谏而外，复有诸异科，为一时之需要而举，如举治河、使绝国、明习兵法之类是也。特科之名目，即寓提倡奖励之意，可以观当时之风气与人君大臣之好尚。宣帝元康四年遣中大夫循行天下，察吏治得失，举茂才异能之士，可见宣帝之勤吏治、重实效也。元帝初元三年诏丞相御史举天下明阴阳灾异者各三人，可见当时灾异学说之盛也。元帝永光元年诏丞相御史举质朴敦厚逊让有行者，可知西汉末年宰辅韦、匡、孔、张之徒有自来也。章帝建初元年诏勿取浮华，和帝永元六年诏昭岩穴、披幽隐，况帝即位举贤良方正、幽隐修道之士，可知东京士习之浮华也。安帝永初三年举至孝与众卓异者，元初元年举敦厚质直者，可知东汉之重笃行也。以学术名科者，则有明经、明法，可知两汉政治以此为大用也。（文学之科，前汉偶一举之。）

与贡举制相辅而行者则为学校，亦自武帝开之。武帝元朔四年诏曰：

盖闻导民以礼，风之以乐，今礼废乐崩，朕甚闵焉。故详延天下方闻之士，咸荐诸朝。其令礼官劝学，讲议洽闻，举遗兴礼，以为天下先。太常其议予博士弟子，崇乡党之化，以厉贤材焉。

丞相弘请为博士置弟子员，学者益广。《儒林传》言：

丞相、御史言请为博士官置弟子五十人，复其身。太常择民年十八以上仪状端正者，补博士弟子。郡国县官有好文学、敬长上、肃政教、顺乡里，出入不悖，所闻，令相长丞上所属二千石。二千石谨察可者，常与计偕，诣太常，得受业如弟子。

此汉朝开学校之始。（无弟子之博士非教官。）博士官起于周末，秦汉相沿多至数十人，（武帝以前。）其职与大夫谒者相近，按行灾异，班宣风化，亦多以博士充任，为政府之学术专家。汉朝未置弟子员以前，亦有从之受业者，文翁选郡县小吏开敏有材者张叔等十余人，亲自饬厉，遣诣京师受业博士，是其证也。武帝置弟子员之后，员额迭有增加，昭帝时增至百人，宣帝时又倍之，元帝时增至千人，（后增至三千人，岁余复如故。）顺帝以后增至三万人，其出身必经课试。《儒林传》云：

博士弟子一岁皆辄课，能通一艺以上，补文学掌故缺；其高第可以为郎中，太常籍奏。即有秀才异等，辄以名闻。

此武帝时制也。又云：

岁课甲科四十人为郎中，乙科三十人为太子舍人，丙科四十人补文学掌故。

此王莽秉政时制也。顺帝时又有所增，阳嘉元年增甲乙科员各十人，此为明经下第者而添设也。徐防上疏言：

伏见太学试博士弟子，皆以意说，不修家法，私相容隐，开生奸路。每有策试，辄兴诤讼，议论纷错，互相是非。

《宦者传》言：

诸博士试甲乙科，争第高下，更相告言，至有行赂定兰台漆书经字，以合其私文者。

课试之弊，可以知也。质帝本初元年令郡国举明经年五十以上、七十以下诣太学，自大将军至六百石皆遣子受业，岁满课试，以高第五人补郎中，次五人太子舍人。此为附于太学之学校。《通典·选举一》言桓帝建和初诏诸学生年十六比郡国明经试，次第上名，高第五十人，上第十六人为郎中，中第十七人为太子舍人，下第十七人为王家郎。永寿二年，诏复课试诸生补郎舍人。此盖太学人数骤增，常例之外，复加优典也。郡国之学亦自武帝以后，始以国家命令行之。（《文翁传》云："至武帝时，乃令郡国皆立学校官。"）平帝元始三年立学校，郡国曰"学"，侯国曰"校"，校学置经师一人。乡曰"庠"，聚曰"序"，庠序置孝经师一人。何武为刺史行部，必先即学宫见诸生，试其诵论，问以得失。班固《东都赋》谓"四海之内，学校如林，庠序盈门"，是郡国学已普遍也。郡国学生之出身则为郡县吏与明经。《汉书·文翁传》云：

> 高者以补郡县吏，次为孝弟力田。

《后汉书·任延传》云：

> 章句既通，悉显拔荣进之。

明经之科，似专为郡国学生而设，章帝元和二年令郡国上明经者，口十万以上五人，不满十万三人。以孝廉依口为率推之，宜为常制也。

汉代登进人才之道，武帝以前以二千石任子入赀为郎者多，即察举为吏，亦必限以富赀。景帝诏书所谓廉士失职，贪夫长利。自董仲舒以儒家思想发舒于实际政治，武帝以后，人才之进身以贡举、学校两途为盛，任子之法虽旋罢旋复，贫民既有致身公卿之机会，亦即有任子之资格。仲舒对策虽以贡举与学校对言，所重尤在学校。仲舒之言曰：

> 夫不素养士而欲求贤，譬犹不琢玉而求文采也，故养士之大者莫大乎太学。太学者，贤士之所关也。

学校为养士之所，其入学则由选察，（如终军是也。）其出身则由考试，以学校而兼选举与考试，其法至善。而贡举所以济学校之穷，可以得不由学校出身与奇材异能之士。虽学校有兴衰，贡举有得失，其开后世登进人才之路，使社会阶级不致悬殊，为儒家思想用于政制之要事，亦废封建以后所不可少之制度也。

十九　社会经济与国用

董仲舒言：

> 至秦则不然，用商鞅之法，改帝王之制，除井田，民得买卖。富者田连阡陌，贫者无立锥之地，又颛山泽之利，管山林之饶，荒淫越制，逾侈以相高。邑有人君之尊，里有公侯之富，小民安得不困？又加月为更卒，已复为正。一岁屯戍，一岁力役，三十倍于古。田租口赋盐铁之利，二十倍于古。

此言秦之社会与秦之征赋也。古者天子有田以处其子孙，人民为天子、诸侯、大夫、士所有，而服事其上，人民与统制者虽尊卑悬殊，人民与人民之间无甚贫甚富之殊异也。战国末年，商贾骤兴，秦兼诸侯，奖励战士。秦废封建，虽去贵族阶级，而人民贫富之阶级以起。汉兴困辱商人，不得衣丝乘车为吏，而晁错言今法律贱商人，商人已富贵也，尊农夫，农夫已贫贱也，是其未能著效。晁错乃建入粟实边，拜官赎罪，以重农事，汉廷采用之，商人于此宜有转为地主者也。（《食货志》武帝禁商人名田以便农。）其后武帝以国用不足，乃收盐铁之利而建均输平准，又兴杂税，（算缗之类实为强取。）商贾之力遂衰。董仲舒于武帝时已言限民名田，是商人方衰而地主又起。孝哀帝即位，师丹乃建言限田，丞相孔光、大司空何武奏请诸侯王、列侯皆得名田中国，列侯在长安，公主名田县道，及关内侯吏民名田皆无过三十顷，诸侯奴婢二百人，列侯公主百人，关内侯吏民三十人，期尽三年，反者没入。时田宅奴婢贾为减贱，丁傅、董贤用事，皆不便也，遂寝不行。自武帝遣刺使刺州，六条诏书严田宅逾制之禁，贫富不均之现象，已为汉廷所注意，然而行之未必大效，虽元成以来儒家平等之思想盛极一时，师丹之议卒为权贵所阻。及至王莽，采用儒术，尽废私有财产，名田为“王田”，奴婢曰“私属”，田宅、奴婢不得卖买，社会大乱，而新室以亡。光武中兴，解放奴婢，所谓去泰去甚，非能绝之。当时所谓垦田，异于常制，平时垦田，乃开垦荒田，光武承王莽田制大乱之后，必自占田而自谓垦田也。故垦田亦曰“度田”。（不仅丈量以均赋役，实有分配之意。）其事既重，郡守坐征下狱死者十数人，郡国大姓及兵长群盗且以度田而所在杀害长吏，书阙有间，不能详矣。以解放奴婢例之，当亦去其泰甚而止。大乱之后，地广人稀，土地分配，谅非所急。和安以后，汉道陵迟，无暇及此。晋武平吴之后，略有田地衣食客佃客之制，已嫌宽大，犹不能依法制。吾国政治思想素重均富，武帝以前商贾之力大，故言者再抑商；武帝以后，地主日多，故言者转而注重田宅、奴婢，其大较如此。

月为更卒，已复为正一岁，屯戍一岁，秦人之法而汉因之，此三者皆用民力也。《通考》言秦民年二十三傅之畴官，给郡县一月而为更卒，复给中都一岁，复屯边一岁，三者皆须更代，故谓之“更”。言其事则曰“卒更”，言其服役则曰“践更”，以钱代役则曰“更赋”，为过其本更，则曰“过更”，更赋过时未收亦曰“过更”。（汉安帝永初四年诏补租过更。）秦民服役郡县之役为每年一月，终身为正卒戍边各一岁。晁错言远方之卒守塞一岁而更，不知胡人之能。《汉旧仪》正月五日大置酒飨卫士，《盖宽饶传》言及岁尽交代上临飨罢卫士，数千人皆叩头自请，愿复共留更一年，是卫士戍卒皆一年，汉犹如此。《汉旧仪》言常以八月，太守都尉令长丞尉会都试材官骑士，习骑驰战陈，课殿最，水处亦习骑射乘船，疑月为更卒即指材官骑试楼船每年之训练，则此三者为平时之训练（月为更卒），与番上（为正一岁），与戍边（屯戍）。此三者皆兵役，其初虽丞相子亦须自行，边地之人，虽有长爵不轻得复，然应劭言古者天下人皆当戍边三日，疑屯戍原为一岁，缴纳更赋，化整为零，以终身一年之屯戍，变为每年三日之更赋也。自武帝开召募之端，昭帝时有奔命。（应劭曰：“旧时郡国皆有材官骑士，以赴急难，今夷反常兵不足以讨之，故权选取精勇，闻命奔走，故曰奔命。”）宣帝时有应募倾飞射士，则是兼召募与征发两者用之，不服兵役，则须出钱。（更卒、正卒、戍边三者皆兵役。）是曰“更赋”。王莽下令曰：“汉氏减轻田租，三十税一，常有更赋，罢癃咸出。”则西汉末年更赋已成重赋。应劭、服虔皆谓出钱三百以免三日之戍，汉代钱重，故王莽云然。光武中兴，并罢都尉，尽易征兵为募兵，故东汉田租更赋当常相并举，一为田赋，一为免役钱也。（上言更赋，与应劭、服虔、如淳之说不尽合。）

秦有更卒无更赋，（有力役无免役钱。）国用所资，惟田租口赋盐铁之利。秦之田租十五税一，汉初因之。（惠帝即位减田租复十五税一，汉初之制当沿秦旧。蒙文通师《秦之社会》，推论秦之田租，亦为十五税一。）景帝以后，遂以三十税一为定制，赐民田租，亦时见于诏令。光武建武之初，师旅未解，行什一之税，建武六年以后，复三十而税一。桓帝延熹八年，令郡国有田者亩税敛钱。（不知数目。）灵帝中平二年，税天下田亩十钱。此皆于正税之外附加也。刍藁者所以养马，《始皇本纪》言下调郡县，转输菽粟刍藁，是秦人已有之，汉人相沿征之。《通考》云：

> 章帝时以谷贵乃封钱以布帛易租，则钱帛盖尝迭用也。（事见《后汉书·朱晖传》。）

《后汉书·光武本纪》注引《东观汉纪》言：

> 为故舂陵侯，诣司马府讼地皇元年十二月壬寅前租二万六千斛，刍藁钱若干万。

疑西汉末年田租藁税已折为钱也。盖武帝以后，诸侯唯衣食租税，天下尽为郡县。（后之侯国与郡无异。）租赋之入，征实则转输艰难，故折为钱。（王莽时已有刍藁钱，章帝前已以钱代租，此有明文者，推之西汉末年，谅不为过。）口赋者即丁赋，汉高祖四年八月初为算赋，汉法八月算人，以人口出钱，故谓之口赋，以人百二十为一算，故称“算赋”。民年十五出口赋（即算赋），五十六而除，不满十五有口钱，人二十以供天子。武帝时又口加三钱，生子三岁即出口钱。元帝以后，改为七岁至十四岁出口钱。（贡禹以口钱起汉武帝征伐四夷。）秦收盐铁之赋，汉初因之，盐铁之在诸侯者，则诸侯取之，吴有铜山海盐之利，其民无赋而国用饶足。武帝时兵连不解，乃置盐铁官，以孔仅、东郭咸阳领之，而商贾不得利。昭帝时议罢盐铁，桑弘羊以盐铁为国家大业，安边足用之本，本不可废，而文学之士则以为与民争利，卒罢郡国榷酤酒关内铁。元帝时儒学得势，初元五年竟罢盐铁官，永光二年以国用不足，复置盐铁官。东汉不置盐铁，明帝以给用不足，尚书张林议自鬻盐。（朱晖以为不可，明帝卒从张林议。）章帝建初中议复盐铁官，郑众以为不可，至和帝即位，复罢。盖儒学之臣，损上益下，国家兴利之事，皆以为不便于民，致东汉国用困乏，而盐铁仍旋复旋罢也。汉兵攻王莽时，省中黄金万斤者为一匮，尚有六十匮，黄门钩盾藏府中尚方，处处各有数匮，长乐御府、中御府及都内平准帑藏钱帛珠玉财物甚众，此西汉之富也。东汉在明章极盛之世，即国用不足何耶？仲长统、荀悦皆以为田租太轻，东汉之田租不轻于西汉，而免租则西汉为多，且皆天下普免，（东汉免租则多为一地。）则非田租轻也。汉法大司农掌国家经费，而少府所入以供天子。自西汉中年以来，每以池籞园囿赐贫民，东汉累以郡国公田赐贫民，少府之所入，当益少。东汉又为募兵，养兵之费，当益多。（安帝、顺帝时有羌患，所用尤多。）西汉初年虽困，至文景已大益饶，武帝征伐四夷，内兴土木，而能民不加赋者，盐铁、均输、平准、铸钱、杂税以兴利也。东汉皆无有，此儒臣以言利为耻也。（旧大官、汤官给用岁且二万万，窦太后诏杀省珍费，自是裁数千万，邓太后亦俭约，然无补于国家经费。）武帝时桑弘羊以诸官各自市相争，物以故腾跃，而天下赋输，或不偿其僦费，乃请置均输官，令远方各以其物相灌。

又置平准于京都，尽笼天下之货物，贵则卖之，贱则买之。富商大贾无所牟利，一岁之中，诸均输五百万匹。武帝之杂税，一曰算缗钱，二曰算车船，三曰酒榷，四曰关税。武帝又造白金及皮币以赡用。武帝时民不加赋而国用益饶，以此故也。东汉则章帝时张林欲复盐铁均输，而朱晖难之，桓帝时议铸大铁，而刘陶难之。此儒者以言利为戒，而不顾国家之急也。

二十　地方政治

周末封建崩溃，而郡县代兴，至秦尽废封建而行郡县，不旋踵而亡，其效未著。汉兴踵秦之制，以郡县治民，内外相维，遂奠定吾国二千年政制型范。

汉代内外职权，无畸重畸轻之弊，为后世所称颂。郎官出宰百里，郡守入为九卿，故内外之职无可轻重于其间。法制疏阔，郡县得行其意，故中央不侵地方之权。发兵开仓，必禀命于天子，故地方无侵叛之事。此其最著者也。天下之大不过数十郡国，郡守之能否，皆简在帝心，故多良郡守。掾属辟除皆出自守相，不似后代出于吏部，故其选择易精。掾属皆本郡人，故能周知地方之利病。两汉地方政治之独优于后世，非幸也，宜也。由其去封建未远，地方得略存自治之意。掾属之于长官，有君臣之分，为服丧制服，出死赴难，昭于史策，非一二数，即其验也。《汉书·百官表》云：

大率十里一亭，亭有长。十亭一乡，乡有三老、有秩、啬夫、游徼。三老掌教化。啬夫职听讼，收赋税。游徼徼循禁贼盗。县大率方百里，其民稠则减，稀则旷，乡、亭亦如之。

《后汉书·百官志》云：

乡置有秩、三老、游徼。本注曰："有秩，郡所署，秩百石，掌一乡人。其乡小者，县置啬夫一人。皆主知民善恶，为役先后，知民贫富，为赋多少，平其差品。三老掌教化。凡有孝子顺孙，贞女义妇，让财救患，及学士为民法式者，皆扁表其门，以兴善行。游徼掌徼循，禁司奸盗。又有乡佐，属乡，主民收赋税。"亭有亭长，以禁盗贼。本注曰："亭长，主求捕盗贼，承望都尉。"里有里魁，民有什伍，善恶以告。本注曰："里魁掌一里百家。什主十家，伍主五家，以相检察。民有善事恶事，以告监官。"

《百官表》注引《汉官仪》云：

五十六老衰，乃得免为民，就田应令，选为亭长，是亭长以下出于民选也。

顾亭林之论曰：

汉时啬夫之卑，犹得以自举其职。故爰延为外黄乡啬夫，仁化大行，民但闻啬夫，不知郡县。而朱邑自舒桐乡啬夫，官至大司农，病且死，嘱其子曰："我故为桐乡吏，其民爱我，必葬我桐乡，后世子孙奉我不如桐乡民。"及死，其子葬之桐乡西廓外，民共为起冢立祠，岁时祠祭，至今不绝。

二君者皆其县人也，必易地而官，易民而治，岂其然哉？为本地之人则明于本地之利害，治行尤著者，可累擢至大官，则自尊重而耻犯法，其贤于后世，不亦远乎？

《续汉书·百官志》云：

外十二州，每州刺史一人，六百石。本注曰："秦有监御史，监诸郡，汉兴省之，但遣丞相史分刺诸州，无常官。孝武帝初置刺史十三人，秩六百石。成帝更为牧，秩二千石。建武十八年，复为刺史，十二人各主一州，其一州属司隶校尉。诸州常以八月巡行所部郡国，录囚徒，考殿最。初岁尽诣京都奏事，中兴但因计吏。"

是刺史初为监察官，故权重而秩卑，虽变为地方长官，各统一州，地方行政仍操于郡县。《汉书·鲍宣传》云：

迁豫州牧，岁余，丞相司直郭钦奏："宣举错烦苛，代二千石署吏听讼，所察过诏条。行部乘传去法驾，驾一马，舍宿乡亭，为众所非。"宣坐免。

虽为州牧，犹以六条诏书律之，署吏听讼，则以为过教条。盖汉为两级制，以郡县治民而以刺史监临之，其性质为中央之派遣，以所统者大，为地方长官则难制也。所谓六条诏书者，《百官表》注引《汉官典职仪》云：

> 刺史班宣，周行郡国，省察治状，黜陟能否，断治冤狱，以六条问事，非条所问，即不省。一条，强宗豪右田宅逾制，以强凌弱，以众暴寡。二条，二千石不奉诏书，遵承典制，倍公向私，旁诏守吏，侵渔百姓，聚敛为奸。三条，二千石不恤疑狱，风厉杀人，怒则任刑，喜则淫赏，烦扰刻暴，剥截黎元，为百姓所疾，山崩石裂，妖祥讹言。四条，二千石选署不平，苟阿所爱，蔽贤宠顽。五条，二千石子弟恃怙荣势，请托所监。六条，二千石违公下比，阿附豪强，通行货赂，割损正令也。

六条诏书专为豪强与二千石而设，盖刺史之职非以居官临民，而使之监察官吏与豪强，所以保全人民也。两汉地方官吏之政绩所考见者，一曰平讼理，二曰禁盗贼，三曰兴学校，四曰隆礼让，五曰集流民，六曰垦荒地，七曰修水利，八曰治道路，九曰精选举，十曰度田亩，十一曰去迷信，十二曰变风俗，然皆不若摧抑强豪之众。可见汉代社会豪宗强右甚多，此乃六国之遗，私权立则与上争民，故不容于大一统之世，而武、宣之世所以多酷吏耳。又中国政治思想首重安民，安民之要，莫先于除其害，故摧戮豪强乃为政之急务。《汉书·张敞传》云：

拜为冀州刺史，敞起亡命，复奉使典州。既到部，而广川王国群辈不道，贼连发，不得。敞以耳目发起贼主名区处，诛其渠帅。广川王姬昆弟及王同族宗室刘调等通行为之囊橐，吏逐捕穷窘，踪迹皆入王宫。敞自将郡国吏，车数百两，围守王宫，搜索调等，果得之殿屋重轑中。敞傅吏皆捕格断头，县其头王宫门外。因劾奏广川王。

《后汉书·郅恽传》云：

郅寿稍迁冀州刺史，时冀部属郡多封诸王，宾客放纵，类不检节，寿案察之，无所容贷。乃使部从事专住王国，又徙督邮舍王宫外，动静失得，即时骑驿言上奏王罪及劾傅相，于是藩国畏惧，并为遵节。

《苏章传》云：

顺帝时换为并州刺史，以摧折强豪忤旨坐免。

《徐璆传》云：

稍迁荆州刺史，时董太后姊子张忠为南阳太守，因势放滥，臧罪数亿。璆临当之部，太后遣中常侍以忠属璆，璆对曰："臣身为国，不敢闻命。"

《张禹传》云：

建初中拜扬州刺史，历行郡邑，深幽之处莫不毕到，亲录囚徒，多所明举。吏民希见使者，人怀喜悦。

《李膺传》云：

复拜司隶校尉。时张让弟朔为野王令，贪残无道，至乃杀孕妇，闻膺厉威严，惧罪逃还京师，因匿兄让弟舍，藏于合柱中。膺知其状，率将吏卒破柱取朔，付洛阳狱。受辞毕，即杀之。

此刺史以监临二千石摧抑豪强为职务也。刺史为恒久住外之监察官，于是复有临时派遣者。《武帝纪》元狩六年诏曰：

今遣博士大等六人分循行天下，存问鳏寡废疾，无以自振业者，贷与之。谕三老孝弟以为民师，举独行之君子，征诣行在所。朕嘉贤者，乐知其人。广宣厥道，士有特招，使者之任也。详问隐处亡位，及冤失职，奸猾为害，野荒治苛者，举奏。郡国有所以为便者，上丞相、御史以闻。

《宣帝纪》元康四年诏曰：

遣大中大夫彊等十二人循行天下，存问鳏寡，览观风俗，察吏治得失，举茂材异伦之士。

此皆刺史之外而又加派者。若顺帝之遣八使巡行天下，则并刺史而亦察之，常住于外之刺史，与临时派遣之使者，皆与地方政治有关，而非地方长官也。

汉代地方官吏为郡守县令，朝廷于郡守尤重。《汉书·循吏传序》云：

及至孝宣，由仄陋而登至尊，兴于闾阎，知民事之艰难。自霍光薨后，始躬万机，厉精为治，五日一听事，自丞相已下，各奉职而进。及拜刺史守相，辄亲见问，观其所由，退而考察所行以质其言，有名实不相应，必知其所以然。常称曰："庶民所以安其田里而亡叹息愁恨之心者，政平讼理也。与我共此者，其唯良二千石乎！"以为太守，吏民之本也，数变易则民不安，民知其将久，不可欺罔，乃服从其教化。故二千石有治理效，辄以玺书勉厉，增秩赐金，或爵至关内侯，公卿缺则选诸所表以次用之。

《通典·职官十五》云：

后汉亦重其任，或以尚书令、仆射出为郡守。（钟离意、黄香、桓荣、胡广是也。）或自郡守入为三公。（虞延、第五伦、桓虞、鲍昱是也。）

汉代于郡守既重其任，又加之以久，史称黄霸为颍川守八年，张敞为京兆尹九年，冯鲂为魏郡守二十七年，王霸为上谷守二十余年，祭彤为辽东守几三十年，卫飒为桂阳太守十二年。故汉人言治皆以久任为归，王嘉、朱浮之所论可观矣。郡守县令之政绩以诛戮强豪为最多，亦惟此易于立名。《后汉书·酷吏传序》云：

> 汉承战国余烈，多豪猾之民。其并兼者则陵横邦邑，桀健者则雄张闾里。且宰守旷远，户口殷大。故临民之职，专事威断，族灭奸轨，先行后闻。肆情刚烈，成其不挠之威。违众用己，表其难测之智。至于重文横入，为穷怒之所迁及者，亦何可胜言。故乃积骸满阱，漂血十里。致温舒有虎冠之吏，延年受屠伯之名，岂虚也哉！若其摧挫强势，摧勒公卿，碎裂头脑而不顾，亦为壮也。自中兴以后，科网稍密，吏人之严害者，方于前世省矣。

范氏之言可谓知本也。两汉摧抑豪强者，实不仅《酷吏传》诸人。《汉书·杜延年传》云：

> 为北地太守，延年乃选用良吏，捕系强豪。

《陈咸传》云：

> 复为南阳太守，所居以杀伐立威，豪猾吏及大姓犯法，辄论输府，以律程作司空，为地臼木杵，舂不中程，或私解脱钳钛，衣服不如法，辄加罪笞。督作剧，不胜痛，自绞

死，岁数百十人，久者虫出腐烂，家不得收。其治放严延年，其廉不如。

《尹翁归传》云：

为东海太守，东海大豪郯许、仲孙为奸猾，乱吏治，郡中苦之。二千石欲捕者，辄以力势变诈自解，终莫能制。翁归至，论弃仲孙市……缓于小弱，急于豪强。

《赵广汉传》云：

迁颍川太守，郡大姓原、褚宗族横恣，宾客犯为盗贼，前二千石莫能禽制。广汉既至数月，诛原、褚首恶，郡中震栗。

《后汉书·蔡茂传》云：

为广汉太守……时阴氏宾客在郡界多犯吏禁，茂辄纠案，无所回避。

《张酺传》云：

为东郡太守……酺虽儒者，而性刚断，下车擢用义勇，搏击豪强。

《范康传》云：

迁太山太守，郡内豪姓多不法，康至，奋威怒，施严令，莫有干犯者，先所请夺人田宅，皆遽还之。

《赵熹传》云：

后拜怀令，大姓李子春先为琅邪相，豪猾并兼，为人所患。熹下车，闻其二孙杀人事未发觉，即穷诘其奸，收考子春，二孙自杀。京师为请者数十，终不听。

此其著明者也。然西汉酷吏又多于东汉，西汉治尚严明，东汉则务宽博教也。《后汉书·李固传》云：

今之进者，唯财与力。伏闻诏书务求宽博，疾恶严暴。而今长吏多杀伐致声名者，必加迁赏；其存宽和无党援者，辄见斥逐。

《宋均传》云：

均性宽和，不喜文法，常以为吏能弘厚，虽贪污放纵，犹无所害；至于苛察之人，身或廉法，而巧黠刻削，毒加百姓，灾害流亡，所由而作。

虽东汉酷不绝于世，而政治理论则求和厚也。盖缘两汉社会不同，故治之之道不能不异。《汉书·何并传》云：

严诩本以孝行为官，谓掾史为师友，有过辄闭阁自责，终不大言。郡中大乱。

此西汉不利于宽和之明效也。《后汉书·刘宽传》

云：

> 典三郡，温仁多恕。

《何敞传》云：

> 迁汝南太守，敞疾文俗吏以苛刻求当时名誉，故在职以宽和为政。立春日，常召督邮还府，分遣儒术大吏案行属县，显孝悌有义行者。及举冤狱，以《春秋》义断之。是以郡中无怨声，百姓化其恩礼。其出居者，皆归养其父母，追行丧服，推财相让者二百余人。置立礼官，不任文吏。又修理鲖阳旧渠，百姓赖其利。

此东汉政治利于宽和之效也。

守令之易见成效者为诛戮豪猾，豪猾之所聚，恒在通都大邑，三辅、洛阳、颍川并号难治，守令亦于此著其声称。其余边远之地，亦易见效，以其有待于开发者多耳。《汉书·文翁传》云：

> 景帝末为蜀郡太守……至今巴蜀好文雅，文翁之化也。

《后汉书·宋均传》云：

> 调补辰阳长，其俗少学者而信巫鬼，均为立学校，禁绝淫祀，人皆安之。

《陆康传》云：

除高成令，县在边垂，旧制，令户一人具弓弩以备不虞，不得行来。长者新到，辄发民缮修城郭。康至，皆罢遣，百姓大悦。以恩信为治，寇盗亦息。

《李忠传》云：

忠以丹阳越俗不好学，嫁娶礼仪，衰于中国，乃为起学校，习礼容，春秋乡饮，选用明经，郡中向慕之。垦田增多，三岁间流民占著者五万余口。

《卫飒传》云：

迁桂阳太守，郡与交州接境，颇染其俗，不知礼则。飒下车，修庠序之教，设婚姻之礼。期年间，邦俗从化。先是含洭、浈阳、曲江三县，越之故地，武帝平之，内属桂阳。民居深山，滨溪谷，习其风土，不出田租。去郡远者，或且千里，吏事往来，辄发民乘船，名曰“传役”。每一吏出，傜及数家，百姓苦之。飒乃凿山通道五百余里，列亭传，置邮驿。于是役省劳息，奸吏杜绝。

《任延传》云：

征为九真太守……九真俗以射猎为业，不知牛耕，民常告籴交阯，每致困乏。延乃令铸作田器，教之垦辟。田畴岁岁开广，百姓充给。

《许荆传》云：

迁桂阳太守，郡滨南州，风俗脆薄，不识学义，荆为设丧纪婚姻制度，使知礼禁。

此皆著绩效于边地之显证，而边地物产富饶，亦多贪吏。《后汉书·贾琮传》云：

旧交阯土多珍产，明玑、翠羽、犀、象、玳瑁、异香、美木之属，莫不自出，前后刺史率多无清行。

《第五伦传》曰：

蜀地肥饶，人吏富实，掾史家赀多至千万。

边远既为特殊区域，故致效异于常情焉。

又后世言吏治者每谓东汉优于西汉，实则不然，盖地方政治与中央政治有密切之关系，西汉之衰，权贤擅政而已，而未致干渎乱朝政，后汉则由中央政治之败坏，而施及四方。《后汉书·梁冀传》云：

百官迁召，皆先到冀门，笺檄谢恩，然后敢诣尚书。

《五行志》云：

时中常侍单超、左悺、徐璜、具瑗、唐衡在帝左右，纵其奸慝，海内愠曰："一将军死，五将军出，家有数侯，子弟列布州郡。”

《蔡邕传》云：

光和元年，遂置鸿都门学，画孔子及七十二弟子像。其诸生皆敕州郡三公举用辟召，或出为刺史、太守，入为尚书、侍中，乃有封侯赐爵者，士君子皆耻与为列焉。

在此情形之下，地方政治焉得不坏。又兼天子鬻官卖爵，官吏强索货赂，以货得官者自取之于人民。《崔骃传》云：

灵帝时，开鸿都门榜卖官爵，公卿州郡下至黄绶各有差。其富者则先入钱，贫者到官而后倍输，或因常侍、阿保别自通达。是时段颎、樊陵、张温等虽有功勤名誉，然皆先输货财而后登公位。

《羊续传》云：

灵帝欲以续为太尉，时拜三公者，皆输东园礼钱千万，令中使督之，名为“左驺”。其所之往，辄迎致礼敬，厚加赠赂。续乃坐使人于单席，举缊袍以示之，曰：“臣之所资，唯斯而已。”左驺白之，帝不悦，以此故不登公位。

《陈球传》云：

稍迁繁阳令，时魏郡太守讽县求纳货赂，球不与之，太守怒而挞督邮，欲令逐球，督邮不肯。

凡此类事，西汉之所绝无也。朱穆谓“公赋既重，私敛又深，牧守长吏，多非德选，贪敛无厌，遇人如虏，或绝命于箠楚之下，或自贼于迫切之求”，此非东汉政治之实状哉！故读史者观其治乱隆污之故，亦所以为鉴戒焉。

二十一　社会风尚

诗书文学，游侠私剑，皆法家所甚恶，而山东之所尊也。（山东指六国。）韩子之言曰：

> 儒以文乱法，而侠以武犯禁。

又曰：

> 故明主之国，无书简之文，以法为教；无先王之语，以吏为师；无私剑之捍，以斩首为勇。是境内之民，其言谈者必轨于法，动作者归之于功，为勇者尽之于军。是故无事则国富，有事则兵强，此之谓王资。

秦之社会所以异于六国者，以农战立国，一切与秦法相反之事，不得存于其间。六国社会则随封建制度崩溃之势，自由发展。学术下流于民间。而六艺诸子之学兴；平民上升，而游说之士兴；以勇力自售，而有刺客；以豪气相矜，而有任侠。民离本业而务文学勇力，又不用之于国事，遂开养士之风。周末以来，文学勇力皆寄生于贵族。有鲁缪公、魏文侯之养士，而六艺之传播得其力焉；有齐稷下之养士，而诸子之兴盛得其力焉。吕不韦集宾客门人著书，四公子之徒亦以养士相倾。而四公子之门尤杂，下至鸡鸣狗盗，无不备焉。六国君主皆欲富强而招贤聘士，大臣贵戚亦欲以游谈私剑之属为之爪牙，此周末之风气也。

汉兴，张耳、陈余好多士，赵王张敖亦养客，卒有贯高之祸。而汉廷犹不知恶，赵王之客田叔等尽拜为郡守。盖高祖之举事既以客从，汉初大臣率有宾客，犹承战国余风也。诸侯宾客则河间以经学，淮南以诸子，梁王以文学，皆与汉廷之提奖学术竞胜，而汉初诸侯王之乱，亦以宾客为之厉阶焉。至武帝时，魏其、武安以宾客相倾，灌夫多养宾客，郑当时亦善待士。自魏其、武安、淮南之后，武帝切齿于宾客，卫青改节不敢养士，公孙弘以郭解布衣行侠，当大逆无道，此风始变。公孙弘开东阁以待士，乃收私家之客以为国用，天下一统安能以私家与公家争权乎？秦末之乱，起于六国之豪族，汉兴继秦徙民之法而累行之。《地理志》云：

> 汉兴，立都长安，徙齐诸田，楚昭、屈、景，及诸功臣家于长陵。后世世徙吏二千石、高赀富人及豪杰并兼之家于诸陵。盖亦以强干弱支，非独为奉山园也。是故五方杂厝，风俗

不纯，其世家则好礼文，富人则商贾为利，豪杰则游侠通奸。

夫豪宗大族为奸于闾阎，上之所恶也，而郅都诛济南瞯氏，严延年诛涿郡高氏。景帝、武帝时所任多酷吏，皆以诛戮豪族为事，而刺史六条诏书亦督察强宗豪右。西汉中叶以后，豪族始衰焉。（汉代社会北方诸州大体相同，南方与边地则不尽然，刘表在荆州诛宗贼渠帅，宗贼者豪宗大姓。起而自保者也。刘焉在蜀，公孙度在辽东，皆诛其名豪大姓。江南豪族尤多，孙氏之在吴，即与豪族相结而立国。）《汉书·游侠传序》云：

古者天子建国，诸侯立家，自卿大夫以至庶人各有等差，是以民服事其上而下无觊觎。孔子曰："天下有道，政不在大夫。"百官有司，奉法承令，以修所职，失职有诛，侵官有罚。夫然，故上下相顺而庶事理焉。

荀悦《汉纪》亦言：

世有三游，德之贼也。一曰游侠，二曰游说，三曰游行。立气势，作威福，结私交，以立强于世者，谓之游侠。饰辨辞，设诈谋，驰逐于天下以要时势者，谓之游说。色取仁以合时好，连党类立虚誉，以为权利者，谓之游行。此三游者，乱之所由生也。伤道害德，败法惑世，先王之所慎也。国有四民，各修其业。不由四民之业者谓之奸民，奸民不生，王道乃成。

儒家言政，其尊主威绝奸道，亦无异于法家。故武帝以前，一切皆战国之余势，武帝以后，人臣始不敢与人主争权，养士游侠之风遂衰。西汉末年，主势下陵，王氏五侯遂致宾客，谷子云笔札，楼君卿唇舌，为宾客之雄，亦其变矣。王莽之乱，变为战国。光武中兴，诸侯王亦多致宾客，光武乃禁锢诸侯宾客。明帝大兴楚狱之后，宾客遂衰，约身待客，不如束身奉上，人臣何苦立气势以遭人主之忌哉！其后宾客率佃客之类，名虽相同，气味殊矣。东汉立节赴义之士，复仇报恩，其事类于刺客任侠，其能见容于汉世，则以复仇以经学为依据，虽干法网，终得宽宥。而桓、灵之世，游士腾声，互相标榜，李膺之龙门，符融之吹嘘，郭太之识鉴，许劭之月旦，亦可以作气势而成社会力量。其行既有侠气，其势又足以倾动一时，虽与游侠殊行，其情一矣。至于儒学，在汉为朝廷所奖励。国有大学，郡县亦有学校。学者又得私家传授，弟子负笈从师，不远千里。弟子通达则思其师，师弟之重，同于父子。经学既明，取青紫如拾芥，黄金满籯，不如遗子一经。两汉家学之盛，首推伏氏，自伏生以后，代有传人。其以经学致贵显者，则有西汉之韦氏，东汉之桓氏，前则父子宰相，后则世为帝师。盖朝廷之所用与儒生之所学，既为一事，读书为官，不能分离。中国社会以读书人为中心之基础，遂奠定于此。读书、耕田为人生两大职业，而政治之得失，风俗之隆污，皆系于士气之升降。仕宦之家，名儒之族，以名德见重于时，（叔孙穆子已非议仕禄，吾国重德而轻位之思想，其来已古。）隐然为社会之所瞻望。（东汉世家乃普通世家，各朝有之。南朝门阀之成功，自有其特殊关系，不得谓之承继东汉。东汉世家世系，周明泰《三国世系表》已详之。）故东京新起名族，较其前之豪族为进步也。若其报私恩而犯国法，（即知有官长而不知有人君。）其事又类于封建之陪臣，此则国家分裂之兆端矣。

二十二　官制

《百官公卿表》云：

> 秦兼天下，建皇帝之号，立百官之职。汉因循而不革……其后颇有所改。王莽篡位，慕从古官，而吏民弗安，亦多虐政，遂以乱亡。

《续汉书·百官志》云：

> 汉之初兴，承继大乱，兵不及戢，法度草创，略依秦制，后嗣因循。至景帝，感吴、楚之难，始抑损诸侯王。及至武帝，多所改作，然而奢广，民用匮乏。世祖中兴，务从节约，并官省职，费减亿计。

两汉官制变迁，大略如此。汉官纯为秦制，间有古官，亦无关实政。高后时之置太傅，武帝时之置大司马，皆尊官而已。（当时已省太尉，非易太尉为大司马。）成帝以后，儒者复古之风盛，始以古官易汉官，至王莽而集其大成，然其精神仍袭秦制，此犹北周之改易官名，其职务则承汉魏官也。景帝之改中央官，不过虚应故事。（当时有改制之学说。）其抑损诸侯官，则关系汉廷诸侯之盛衰。光武中兴，所省者以郡县为多，中央官率依前汉，此宜分疏者。又两汉人喜以古之公卿况汉官，遂有公卿之目。东汉《百官志》依三公九卿排列，然所谓卿者中二千石也，执金吾独非中二千石乎？汉人恒言三公九卿，汉官实不尽与符合也。

秦汉官制之大端可得而言者，秦制为中央集权，且为天子集权，丞相主政，太尉主兵，御史监郡，互相维系，而集权于天子。郡守主政，郡尉主兵，御史监郡而隶属于丞相，太尉御史，以集权于中央。汉初丞相皆功臣，无所不统，太尉不统军，御史大夫为丞相之副贰，名虽沿秦，实丞相统理一切。太守治郡，都尉掌守典武职为郡守之副贰，郡权全在太守。（文帝以后郡守始不能擅发兵。）汉廷于地方但遣丞相史分刺而已。景帝时，汉初功臣已尽，汉武用宦者主文书，即秦尚书之职，是为中书，而天子集权。分遣刺史十三人部十三州，郡守之上置一监察官，郡守之权比汉初当微损。霍光辅政领尚书事，权又在于领尚书，而天子与丞相皆无权。宣帝用中书夺尚书之权，而权归天子，王凤录尚书事。成帝罢中书，权又移于领尚书。其后何武奏置三公以分丞相之权，又与翟方进奏罢刺史置州牧，盖欲内使三公分职，外重州牧之权，以损抑权臣，后皆复故，无所影响。成帝以来，权在领尚书之大臣，故尚书渐重。（东汉尚书之重，实承继西汉末年，说见光武之政治章。）督察之官司隶校尉、侍御史、丞相、司直皆渐重，而东汉承之。光武中兴，矫西汉大臣擅权之弊，不置领尚书之官，而尚书直属天子。（少府属官皆天子近侍之官。）三公分职，三公之权较之西汉初年之丞相则权轻，比之霍光领尚书时之丞相则权大，光武官制实沿于西汉末年而来，但移权臣之权于天子耳。光武又令刺史不还奏事，位卑权重，以抑太守之权，又罢都尉，太守无都试之法。（无兵。）光武之官制，天子集权制也。章帝以后置录尚书以总枢机。（录尚书为枢机之职，见《邓彪传》。）而和帝以降，母后临朝，宦官外戚，代起专权，当时所谓宰相，仍为录尚书，而实权则不尽如此。东汉制度原为天子集权之制，卒于天子无权，则由母后临朝，宦官外戚从中弄政故也。东汉末年，易刺史为州牧，天下已乱，不久即亡，无足道耳。

汉代中央官，太常掌宗庙礼仪，宗正掌亲属，太仆掌舆马，将作大匠掌宫室，卫尉掌宫门屯卫兵，光禄勋掌宫殿掖门户，执金吾掌徼循京师，城门校尉掌京帅城门屯兵，廷尉掌刑辟，大司农掌谷货，少府掌山海池泽之税，以给供养，大鸿胪掌诸侯及蛮夷，两汉并同。复依秦旧，其中大变在成帝之置尚书员五人分领诸曹。汉初宰相权重，御史大夫为丞相副贰，虽曰“两府”，而御史实无异丞相之执行人，故御史无所不统，（王君树楸有《御史大夫考》，言其职务。）领尚书侵丞相之权，尚书侵御史之权，此为一大变。西汉末年以至东汉之亡，尚书与侍御史皆为清要之选。（位卑权重。）汉代兵制，以虎符发兵，出军命将，临时派遣，卫尉掌卫士为南军，执金吾所掌为北军。郎中令所掌郎中侍郎之属守门户充军骑。胡广云：“卫尉巡行宫中，则执金吾徼于外，相为表里。”自武帝置八校尉以后，军制扩大，非复汉初之旧。东汉则城门校尉与北军中侯分统，此皆在卫尉执金吾所统之外者也。汉初以大司农主国家经费，少府主天子供养，武帝又置水衡，其所职当由少府分出。廷尉主刑狱，自尚书置三公曹主断狱已侵廷尉之权，东汉尚书权益重。《陈宠传》言时承永平故事，吏尚严切，尚书决事，率近于重。尚书本为天子掌文书机关，由成帝以至东汉，渐侵九卿之权，魏晋以后，尚书遂变为行政官，而九卿为赘瘤也。

儒家学说影响于官制者最少，以无限制天子权力之法故也。汉代有百官会议，虽无明文规定，而可以略申人臣之意。（郎中令属官有议郎，郡有议曹，谅无效果。）汉代有谏大夫与东宫官属，所以谏天子而教太子，然而其效已微。幸儒家学说重诤谏，（《荀子·臣道篇》言诤谏辅拂之臣，《孝经》亦言诤臣诤子。）人臣直言敢谏者尚多，明君固从谏如流，暗君亦有所顾忌，但此不过补偏救弊，而世道终归于一治一乱也。

二十三　学术思想

周末诸子争鸣，莫能相通，而批评之学兴。庄子言其各有所长，不备不偏。（《天下篇》。）荀子言其有见有蔽，（《解蔽篇》意。）继而杂家之学起焉。杂者集也，集众家之所长而成其家也，故杂家必有所主，以一家为主而采纳各家，所以能成其家，不然冰炭岂能同器乎？吕不韦集宾客门人所著书曰《吕氏春秋》，秦之有《吕览》，犹汉武之有《淮南》，政治统一，思想亦统一也。《吕氏春秋》于诸子之偏激皆去之，其所主则道家也。道家贵生，吕氏亦以生为主。合治国治身为一，天子能全生谓之修身，使天下人能全生谓之治国。《本生》曰：

> 始生之者，天也；养成之者，人也。能养天之所生而勿撄之，谓之天子。天子之动也，以全天为故者也。

此言政治以全生为归也。《先己篇》曰：

汤问于伊尹曰："欲取天下，若何？"伊尹对曰："欲取天下，天下不可取；可取，身将先取。"凡事之本，必先治身，啬其大宝。用其新，弃其陈，腠理遂通。精气日新，邪气尽去，及其天年。此之谓真人。昔者先圣王成其身而天下成，治其身而天下治。故善响者不于响于声，善影者不于影于形，为天下者不于天下于身。《诗》曰："淑人君子，其仪不忒。其仪不忒，正是四国。"

此言治身与治国为一也。全生之道，曰顺曰节。《重己篇》曰：

使乌获疾引牛尾，尾绝力勯而牛不可行，逆也。使五尺竖子引其棬，而牛恣所以之，顺也。世之人主、贵人，无贤不肖，莫不欲长生久视，而日逆其生，欲之何益？凡生之长也，顺之也，使生不顺者，欲也，故圣人必先适欲。

《情欲篇》曰：

天生人而使有贪有欲。欲有情，情有节。圣人修节以止欲，故不过行其情也。故耳之欲五声，目之欲五色，口之欲五味，情也。此三者，贵贱愚智贤不肖欲之若一，虽神农、黄帝，其与桀纣同。圣人之所以异者，得其情也。由贵生动则得其情矣，不由贵生动则失其情矣。此二者，死生存亡之本也。俗主亏情，故每动为亡败。

意谓全生在于适欲，适欲在于节情，节情由于贵生，通礼法自然为一。（即合儒道。）此其精义也。

汉兴，儒家与六艺合流而为经学，至武帝而淮南刘安著书号《淮南鸿烈》，其书亦以道家为宗而合众流，为诸子学之结束，其书在明人性而建立是非，圣人因人性而治天下。《齐俗训》曰：

> 故日月欲明，浮云盖之；河水欲清，沙石涉之；人性欲平，嗜欲害之。唯圣人能遗物而反己。夫乘舟而惑者，不知东西，见斗、极则寤矣。夫性，亦人之斗、极也。以有自见也，则不失物之情；无以自见，则动而惑营。

《淮南·齐俗训》多袭《庄子·齐物论》。《齐物论》不识性，故无是非，《淮南》以性为人之斗极，故有是非。《齐俗训》曰：

> 故求是者，非求道理也，求合于己者也。去非者，非批邪施，去忤于心者也。忤于我，未必不合于人也；合于我，未必不非于俗也。至是之是无非，至非之非无是，此真是非也。若夫是于此而非于彼，非于此而是于彼，此之谓一是一非也。此一是非，隅曲也；夫一是非，宇宙也。

《庄子》惟有一是一非而无有一是非，故庄子之学超世而不能入世。《淮南》则不然，明性以立是非，明性以成用。《泰族训》云：

圣人之治天下，非易民性也，拊循其所有而涤荡之。故因则大，化则细矣。……民有好色之性，故有大婚之礼；有饮食之性，故有大飨之礼；有喜乐之性，故有钟鼓管弦之音；有悲哀之性，故有衰绖哭踊之节。故先王之制法也，因民之所好而为之节文者也。因其好色而制婚姻之礼，故男女有别。因其喜音而正雅颂之声，故风俗不流。因其宁家室、乐妻子，教之以顺，故父子有亲。因其喜朋友而教之以悌，故长幼有序。然后修朝聘以明贵贱，飨饮习射以明长幼，时蒐振旅以习用兵也，入学庠序以修人伦。此皆人之所有于性，而圣人所匠成也。故无其性，不可教训；有其性，无其养，不能遵道。

《淮南》之所以能合儒道者，以明性故也。《吕氏春秋》于《齐物论》不敢用，而《淮南》能用之，此其所以进于《吕氏》者欤！然《淮南》之为书，其开启后人，影响当世，不及董子。故言与汉武政治相配合之学术，当在董生而不在淮南。董仲舒之学虽以儒为本，实有取于各家而成其汉代之新儒家。五行之说取之最多，意在证明儒术，非阴阳家也。于道法两家，取其权术以行其仁义，其根本精神仍为儒家。仲舒欲建立一宗教政治学术合一之学说，故有取于墨家之天志说。墨子言天志，故言兼爱，仲舒于其兼爱说亦有所取，但用之于政治，不用之于私人，此其所以异也。仲舒之学影响最大者，在其对于礼教之重新说明。盖自孟子言仁义非外铄，礼法皆由义起，儒家后学从而阐发之，礼意大明，然其根据在于内心，而人与天之关系则所罕言，故有战国末期儒家之宇宙论。《易传》曰：

> 乾为天，天行健，君子以自强不息；坤为地，地势坤，君子以厚德载物。成象之谓乾，效法之谓坤。

《小戴·乐记》曰：

> 著而不息者，天也；著而不动者，地也。

《大戴·曾子天圆篇》云：

> 天道曰圆，地道曰方，方曰幽，圆曰明。

皆非指实物而言，乃言其理，非以表质，乃以表德，非从自然之本身说明自然，而以人事之德性诠表自然。仲舒承战国儒家之天人相应说，以自然之德性为人事之规律，人为之礼义法度成为天经地义。自秦灭学以来，汉初诸儒虽竭力提倡之，恢复之，而未有具体之说明。仲舒既尊六经以明史统，开学校以广教化，于礼法度数自宜新加说明。《春秋繁露·人副天数篇》云：

> 人有三百六十节，偶天之数也；形体骨肉，偶地之厚也；上有耳目聪明，日月之象也；体有空窍理脉，川谷之象

也；心有哀乐喜怒，神气之类也。

《同类相动篇》云：

天将阴雨，人之病故为之先动，是阴相应而起也；天将欲阴雨，又使人欲睡卧者，阴气也。有忧，亦使人卧者，是阴相求也；有喜，使人不欲卧者，是阳相索也。

《五行之义篇》云：

是故木受水而火受木，土受火，金受土，水受金也。诸授之者，皆其父也；受之者，皆其子也。常因其父以使其子，天之道也。是故木已生而火养之，金已死而水藏之，火乐木而养以阳，水克金而丧以阴，土之事火竭其忠。故五行者，乃孝子忠臣之行也。五行之为言也，犹五行欤？是故以得辞也。圣人知之，故多其爱而少严，厚养生而谨送终，就天之制也。以子而迎成养，如火之乐木也；丧父，如水之克金也；事君，如土之敬天也，可谓有行人也。

《阳尊阴卑篇》曰：

三王之正，随阳而更起。以此见之，贵阳而贱阴也。故数日者，据昼而不据夜；数岁者，据阳而不据阴，阴不得达之义也。是故《春秋》之于昏礼也，达宋公而不达纪侯之母，纪侯之母宜称而不达，宋公不宜称而达，达阳而不达阴，以天道制之也。丈夫虽贱皆为阳，妇人虽贵皆为阴。

其言君臣父子夫妇之道皆本于阴阳五行，其余一切亦皆如此。故董子言天不变道亦不变。后人徒见汉人喜言阴阳五行，从而非之，不知其所以言阴阳五行者固自有道也。

自董仲舒以后，政治问题、社会问题、思想问题，已大体解决，经学成为吾国之大宪章，以后即在向经学所昭示者前进，合之则治，违之则乱，遂无大思想家出现，然此时必须有卫道者出而宣扬之。诸子之学未绝则有扬雄，佛老大盛则有王通、韩愈。故理学未成功以前，皆以孟、荀、扬雄、王通、韩愈并称。（唐人以孟、荀、扬并称，北宋人以孟、荀、扬、王、韩并称，或以扬雄在孟、荀之上，至程子始特尊孟子。）扬雄之地位在朱子以后始大降。薛敬轩之论昌黎曰：

> 当韩子之时，异端显行，百家并倡，孰知尧、舜、禹、汤、文、武、周公、孔子、孟轲为相传之正统？又孰知孟轲氏没而不得其传？又孰知仁义道德合而言之？又孰知性有五而情有七？又孰知尊孟子之功不在禹下？又孰敢排斥释氏滨于死而不顾？若此之类，大纲大节，皆韩子得之遗经，发之身心，见诸事业，而伊、洛诸儒之所称许而推重者也。后学因见先儒有责备之言，遂剿拾其说，妄议韩子，若不足学者。设使此辈生韩子之时，无先觉以启其迷，无定论以一其志，吾见沦于流俗，惑于异端之不暇，

又安敢窥韩子之门墙哉！

持薛氏之论以论扬雄，即知扬雄之所以见重于后世也。一切学术能影响于后人者，以后人能尊信其说，尊信之程度愈高，则其影响亦愈大。（卫道者亦须有真知灼见，始有意义，否则徒事叫嚣而已。学术贵承继而不贵因袭，承继则日以光大，因袭则日以枯息，孟、荀之于孔子，其尊孔与扬雄同，承继者也，扬雄则因袭而已。然在学术史上亦有持续之功，薛敬轩之于程、朱，亦犹扬雄等之于孔子，故能深明此类人物之功绩。）《法言·吾子篇》云：

古者杨、墨塞路，孟子辞而辟之，廓如也。后之塞路者有也，窃自比于孟子。

扬雄何敢妄比孟子，其所为者，与当时复古之风气无有高下，（扬雄亦长于拟古。）实无新义，惟有隆古而已。《法言·吾子篇》云：“好书而不要诸仲尼，书肆也；好说而不要诸仲尼，说铃也。”《修身篇》云：“治己以仲尼。”《问神篇》云：“书不经，非书也。言不经，非言也。言书不经，多多赘矣。”《吾子篇》又云：

舍舟航而济乎渎者，末矣。舍五经而济乎道者，末矣。弃常珍而嗜乎异馔者，恶睹其识味也。委大圣而好乎诸子者，恶睹其识道也。山径之蹊，不可胜由矣。向墙之户，不可胜入矣。曰："恶由入。"曰："孔氏。孔氏者，户也。"

大抵尊圣宗经而绌诸子，其余若本仁义隆礼乐，重学亲师，尊王贱霸，皆一出于正，所谓不惑于异端者也。

汉代思想，自淮南出而诸子结束，自董仲舒出而孔学大光，自扬雄出而孔学之宣扬完成。独世俗虚妄之言，迷信之辞，充塞人心，故王充起而摧陷之，涤濯之。《论衡·佚文篇》曰：

《论衡》篇以十数，亦一言也，曰疾虚妄。

《对作篇》曰：

是故《论衡》之造也，起众书，并失实，虚妄之言胜真美也。故虚妄之语不黜，则华文不见息；华文不放流，则实事不见用。故《论衡》者，所以铨轻重之言，立真伪之平，非苟调文饰辞，为奇伟之观也。其本皆起人间有非，故尽思极心，以讥世俗。世俗之性，好奇怪之语，说虚妄之文，何则？实事不能快意，而华虚惊耳动心也。是故才能之士，好谈论者，增益实事，为美盛之语；用笔墨者，造生空文，为虚妄之传。听者以为真然，说而不舍；览者以为实事，传而不绝。不绝，则文载竹帛之上；不舍，则误入贤者之耳。至或南面称师，赋奸伪之说；典城佩紫，读虚妄之书。明辨然否，疾心伤之，安能不论？

然其书流行未广，（蔡邕之故事虽不必然，其书不流行则可想见。）于当时谅无大影响也。东汉诸子多规时政，已于政治思想中论之。东汉末年延笃、曹植论仁孝，刘梁辨和同，应玚、阮瑀论文质，宋衷、陆绩注《太玄》，抽象之理论始作，此则魏晋玄学之先声也。

周末诸子多变古，惟儒家法古，诸子多不重文献之传统，惟儒家以六艺为教，历史传统遂为儒家所专有。《荀子》言：

> 《礼》《乐》法而不说，《诗》《书》故而不切，《春秋》约而不速。方其人之习君子之说，则尊以遍矣，周于世矣。故曰：学莫便乎近其人。

是战国儒者传经，已不专于训解经文，而在引发其义。汉兴以来，儒者遂以己意附之于经，伏生之《尚书大传》、董生之《春秋繁露》皆然。使在战国，宜在诸子之科，在汉则为经之附庸。汉初诸师亡佚之书，宜亦此类。经为古史，经说为诸子，二者合流，遂成西汉之经学。其所言者不尽合于本经，而经生重之，甚于经文。刘歆《移太常博士书》，谓其“信口说而背传记，是末师而非往古”，此真今文博士之家法。口说者传经者之辞，末师指传经者，往古传记则指经之本文。古文学者重训释经文，其态度本与今文博士反异，（今文家以哲学态度治经，古文家以历史态度治经。）宜其非之也。今文先师所论重在制度，如明堂、辟雍、封禅、井田、巡狩诸事，皆其政治理想所寄托，而欲为汉家成一王大法，顾诸师所论亦不能尽同，故经有数家，家有数说。武帝时置五经博士，宣帝又有增益，至东汉遂为十四博士，所传之经，皆今文也。（其原本当亦为古文。）以其所传为今文，故其辞说称为“今学”。其政治思想能为汉廷采用者已多用之，其与君主相抵触者，不敢显言，久而失真。宣帝之石渠会议，称制临决，其中即宜有去取于其间，故元、成以来之经生，即无汉初诸师之宏伟，独有言灾异以节制君权，言复古以尊隆其所学而已。自刘歆校书，多见古籍，遂欲立《毛诗》《佚礼》《古文尚书》《左氏春秋》于学官。《左氏春秋》为春秋时代历史，其余诸文亦可以校正文字补其阙遗，而博士抱残守阙，党同伐异。（今文博士本非相同，以对诸未立学官者言，则为同耳。古文诸经未立学官者亦犹是。）刘歆晚年又得《周官》，见今文博士虽各经分立，而言制度之大端如封建、井田官制之类，各家师说大体同于《王制》，而诸古文经亦不能不联合，遂以《周官》与《王制》抗，《王制》既为今文经说之中心，《周官》为古文经说之中心。（廖先生《今古学考》以《周官》统古学，以《王制》统今学是也。惜其未分经与经说。如以经言，则《王制》不能统今文经，《周官》亦不能统古文经。又廖先生言今学为哲学，古学为历史，亦当分析言之，谓今文学者治经之态度为近于哲学，古文学者治经之态度为近于历史耳。）王莽时古文诸经曾立博士，光武中兴，凡王莽所为，一切变革，故古文诸经亦罢。章帝时以贾逵入讲南宫，颇重古文，虽未立学官，曾选高才生受古文经。东汉制度多沿西汉，今文博士沿自西京，古学虽盛，仅传于民间。然自刘歆以来，诸古文师，皆博学通才，非今文师所及，又长于训故名物，便于训释文字，于经文为有功，而今文学已著效于西汉，四时之运，成功者退，东汉今文如夕阳余照耳。（僻远之地，仍守今文，吴、蜀之经学皆是。）自郑玄以古文治经之法兼采今文，遍注群经，人情乐于简易，故今古诸儒之作皆亡，汉学遂统于郑学，然古学凭借今学而起。（《尚书》《礼经》佚篇，今文所无者，古文家亦不作注，可证。）郑玄又以古学取今学，故今古诸儒之说虽多就佚亡，而经义固长存于中国，后人能知古事法先王，汉儒注释之功不可没也。（清人搜辑亡佚之书，与专理一家之学，于经学皆无所增损，今文学者每攻击郑玄，亦大可不必。）

汉儒于经学、诸子而外，在学术上承前启后之功极大。（古文经说专重注释整理，亦属此类。）六艺虽为古史，然不相连属。司马迁采六艺经传、《世本》

《战国策》著成通史，（其古史系统根据《五帝德篇》，《世经》古史系统则根据《易传》，为古史两大系统。）为后人言古史者所依。其于书籍之整理，则有刘向、歆父子校书，（古书多刘向父子所编。）开校雠之学。（王充之疑古事，与郑玄之注经，皆有校雠考订之法。）文字之学，则有《尔雅》、（汉人所完成。）《说文》。（金石文字之学，张敞已开其端。）前人所以传后，后人所以识古，皆赖于此三者。汉人在学术上承先启后之功为各代所不及，亦时会然也。汉代文学，不独辞赋为列朝之冠，一切著述文体，皆为后人所取法。（以广义之文学观之。）史学著述尤多，《史记》为通史之祖，《汉书》为断代之祖，《汉纪》为编年之祖，其余记制度、典礼、法律、历法、天象、地志、水经、古史、杂史、记注，靡不有之。（详见钱大昕、侯康、姚振宗、曾朴所补《后汉·艺文志》。）清人所谓汉学，特其中之一部耳。